知《ち》里《り》幸《ゆき》恵《え》物語

アイヌの「物語」を
命がけで伝えた人

金治直美・著

PHP研究所

知里幸恵《ちりゆきえ》物語

アイヌの「物語」を命がけで伝えた人

監修協力＝知里むつみ
成田英敏（漫画家・慶應義塾志木高等学校非常勤講師）

装丁＝一瀬錠二（Art of NOISE）

本文イラスト＝瀬川尚志

本書に登場するおもな地域《ちいき》とできごと

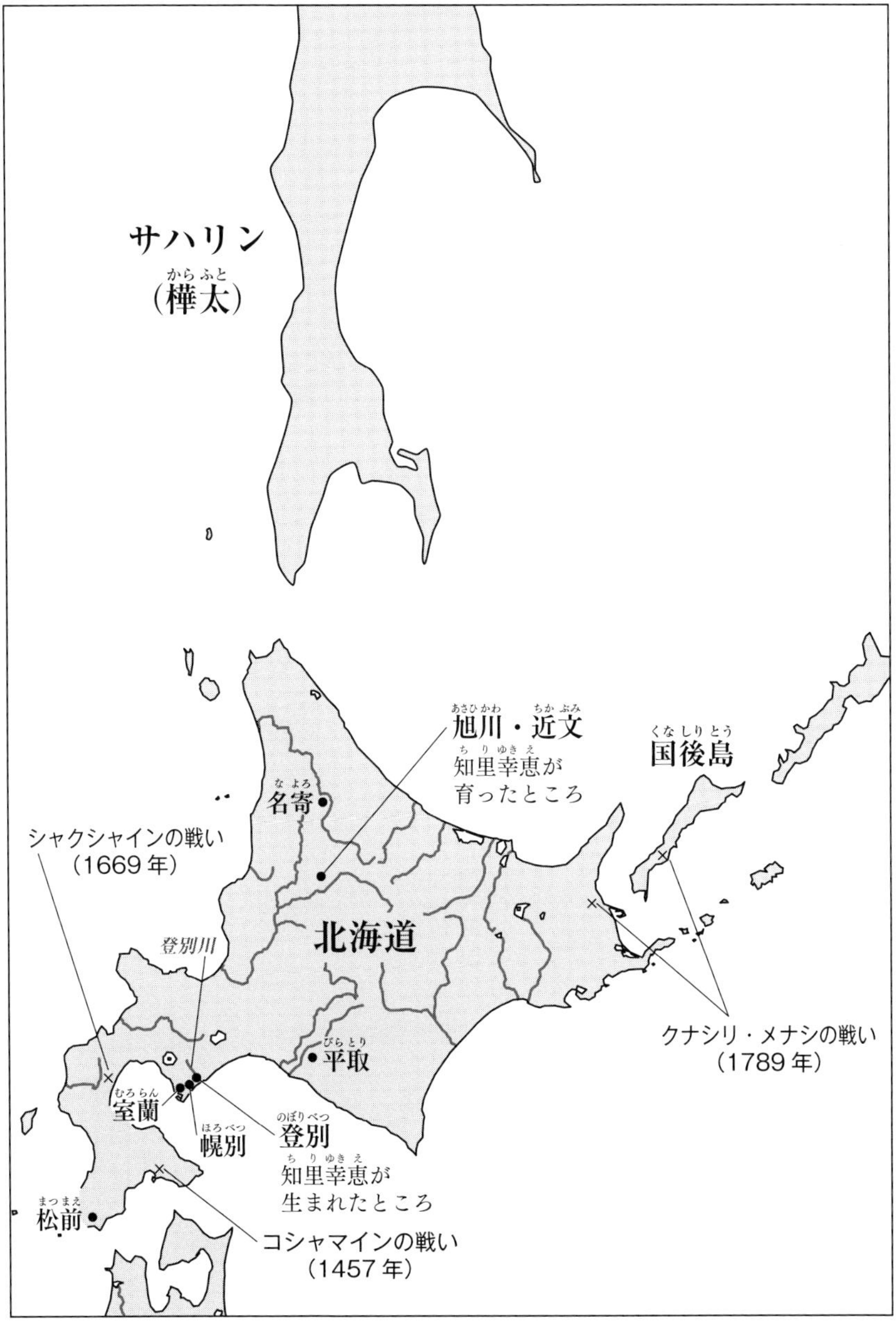

○本書は、事実に基《もと》づいたノンフィクションですが、文中の会話など、一部、独自《どくじ》に書き起こしているところ、省略《しょうりゃく》しているところがあります。

○本書の中には、現在《げんざい》では言いかえが必要と考えられる表現《ひょうげん》がありますが、時代背《はい》景《けい》をふまえ、当時の表現《ひょうげん》のまま使用しています。

○アイヌ語は地域《ちいき》によって単語が異《こと》なる場合があります。

○日本語、アイヌ語は、現代《げんだい》で通用している表記に書き改めている部分があります。

○アイヌ語には、「ユカㇻ」の「ㇻ」のように、小さい字で書く、日本語にはない発音があります。小さい字は、軽く発音します。

目次

知里幸恵《ちりゆきえ》物語

アイヌの「物語」を命がけで伝えた人

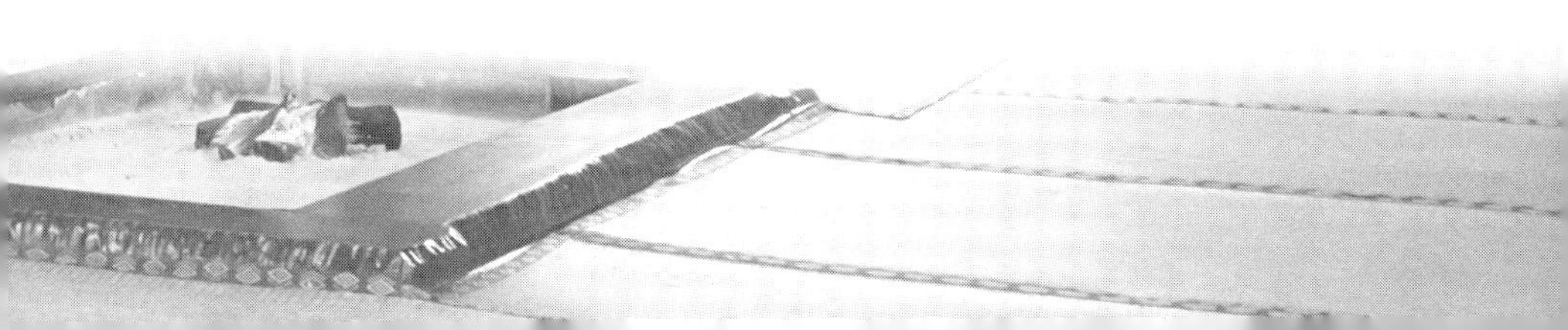

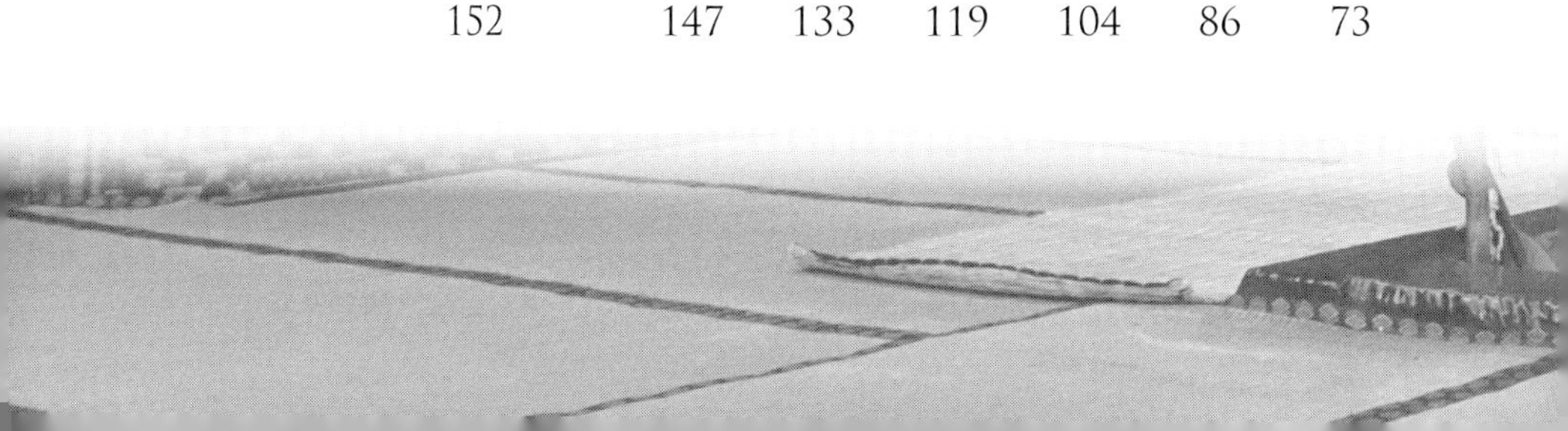

はじめに

銀のしずく　降《ふ》る降《ふ》る　まわりに

こんな文章を目にしたことがありませんか？　これは、『アイヌ神謡集《しんようしゅう》』という詩《うた》物語の一節です。もともとアイヌのことばで語りつがれていたこの詩《うた》物語を日本語訳《やく》したのが、アイヌの女性《じょせい》、知里幸恵《ちりゆきえ》です。

この美しい詩句《しく》は、どのようにして生まれたのでしょうか。

アイヌとは、おもに北海道に住み、独自《どくじ》の文化を持つ日本の先住民族です。「アイヌ」ということばは、民族名になっていますが、もともとは「人間」という意味です。

北海道の地名に、あれ、なんだか日本語とはちがうひびきだな、と感じたことはありませんか？　札幌《さっぽろ》、登別《のぼりべつ》、釧路《くしろ》、小樽《おたる》、室蘭《むろらん》。どれも、アイヌの人びとが言いならわしてきた地名です。そこに、もとのアイヌ語の意味とは関係ない漢字が当てられました。

例えば、温泉で有名な登別《のぼりべつ》は、もとは「ヌプル・ペッ」、色の濃《こ》い・川という意味です。登別《のぼりべつ》を流れる川は、温泉水のため濃《こ》い色をしていたからともいわれます。

このように、アイヌのことばは、同じ日本の地でありながら、日本語とはちがいます。アイヌの人びとが太古から使ってきたことばには、アイヌの文化や歴史がこめられています。しかし、明治時代になると、日本政府《せいふ》の方針《ほうしん》により、アイヌのことばや文化は、消し去られようとしていました。

その文化を生涯《しょうがい》かけて守ろうとしたのが、知里幸恵《ちりゆきえ》です。

本書は、知里幸恵《ちりゆきえ》が生きた軌跡《きせき》を追ったものです。

彼女《かのじょ》はどんな女性《じょせい》だったのでしょう。

第一章　ついに、東京へ

幸恵《ゆきえ》を乗せた夜行列車は速度をゆるめ、やがて駅のホームにガッタンと止まりました。夜明けの光が、うす暗い構内《こうない》に注いでいます。

「上野ー上野ー。終点の上野でございます」

アナウンスの声がひびきます。

とうとう来たのだわ、東京に。いっときは、とてもこの地をふめるとは思わなかったけれど。

幸恵《ゆきえ》はふろしき包みをしっかりとかかえ、ホームへ降《お》りたちました。

改札へ向かう人たちがどんどん追いぬいていきます。あまりきょろきょろするのもみっともないので、長いホームをうつむいたままゆっくり歩き、改札でひょいと顔を上げたら、金田一京助《きんだいちきょうすけ》先生がにこにこ笑いながら立っていました。

「おつかれでしょう。さあ、家へ行きましょう」

先生のおだやかな声に、張《は》りつめていたものがほどけ、ほっとしてなみだが出そうになりました。

生まれ育った北海道をはなれ、室蘭港《むろらんこう》から汽船でひと晩《ばん》かけて青森へ、そこから汽車で丸一昼夜かけて東京の上野駅へ。この三日間にわたるひとり旅は、十九歳《さい》の幸恵《ゆきえ》にとって、緊張《きんちょう》の連続でした。

幸恵《ゆきえ》と金田一《きんだいち》先生は、人力車で先生の家へと向かいました。住みなれた旭川《あさひかわ》では見たことのない大きく立派《りっぱ》な建物が、朝日を浴びています。どの建物もまだ戸《と》を閉ざし、あたりは静まりかえっています。

「東京はね、夜がおそいから朝もおそいんだよ」

ふしぎそうにあたりを見回している幸恵《ゆきえ》に、先生がのんびりといいました。

やがて人力車は、大きな大学（東京帝国《ていこく》大学。現在《げんざい》の東京大学）の前をぬけて路地へと入っていき、一軒《いっけん》の家の前で止まりました。すらりと背《せ》の高い女の人が出てきました。先生の妻《つま》の静江《しずえ》です。

先生の家は、そう広くはない平屋でした。

幸恵《ゆきえ》は通された座敷《ざしき》で、あらためて先生と静江《しずえ》にていねいに頭を下げました。

「旭川《あさひかわ》から来ました知里幸恵《ちりゆきえ》です。しばらくのあいだ、お世話になります」

静江《しずえ》がほほえんでいいました。

「こちらこそ、よろしくね。船はいかがでした？　船酔《ふなよ》いしませんでした？」

「はい、なんともありませんでしたの。でも、船から降《お》りたら足もとがふらふらして、胸《むね》の中がかゆいような心持ちでした」

先生が、声をあげて笑いました。

「胸《むね》の中がかゆいとは！　おもしろいことをいうね、あなたは」

静江《しずえ》が大きな書だなを指さしていいました。

「うちにはなにもありませんが、本だけはたくさんありますよ。なんでも好きな本をお読みなさいね」

書だなにはぎっしりと、歴史、地理、考古学などの本が並《なら》んでいます。本が大好きな幸《ゆき》恵《え》は、目をかがやかせました。

金田一《きんだいち》先生が大きくうなずいていいました。

「幸恵《ゆきえ》さんの希望は、英語の勉強でしたね。ぼくが教えましょう。あなたはぼくに、アイヌ語を教えてください」

幸恵《ゆきえ》の東京での生活が始まりました。一九二二年（大正十一年）五月のことでした。

知里幸恵《ちりゆきえ》は、アイヌの娘《むすめ》です。アイヌの物語を本にするかたわら、英語などを学ぶため、北海道から東京の金田一京助《きんだいちきょうすけ》先生のもとへやってきたのでした。

19歳《さい》のころの知里幸恵《ちりゆきえ》。

金田一《きんだいち》先生は、言語学者、国語学者であり、当時すでにアイヌ語の研究者として知られるようになっていました。

アイヌ民族とは、おもに北海道を中心として、南樺太《みなみからふと》や千島《ちしま》列島、本州の東北地方で生活していた日本の先住民族で、日本語とはちがう独自《どくじ》の言語を持っています。幸恵《ゆきえ》は、どちらの言語も話すことができました。

日本人の多数をしめる、日本語を話す大和《やまと》民族を、ここでは、アイヌ民族に対して和人《わじん》と呼《よ》びます。

アイヌの人びとは、その和人《わじん》をシサムと呼《よ》んできました。これは、隣人《りんじん》という意味です。しかし、その隣人《りんじん》である和人《わじん》は、アイヌの人びとを、十五世紀ごろから江戸《えど》時代、明治、大正、昭和にいたるまで、偏見《へんけん》と差別にさらしてきました。今もそれが解消《かいしょう》されたわけではありません。

幸恵《ゆきえ》が上京してきたのは、差別があたりまえのようにまかりとおっている時代でした。

東京へ来てまもないころ、幸恵《ゆきえ》が外に出ると、近所のおばあさんが話しかけてきました。

「お宅《たく》にアイヌの娘《むすめ》さんがいるんですって？　もうひとりの娘《むすめ》さんがそうなの？」

幸恵《ゆきえ》は、にこやかに笑って答えました。

「いえ、わたしがそのアイヌですよ。もうひとりの人は岩手から来た女中さんですよ」

「えっ？　あなたが？　その……アイヌさんで？」

その人はまじまじと幸恵《ゆきえ》を見つめ、

「へえー！」

といって、にげるように行ってしまいました。

幸恵《ゆきえ》の胸《むね》がチリチリとうずきました。

アイヌって、自分とはまるでちがう人間ばかりと思っていたのかしら。

第二章　登別《のぼりべつ》の海、幌別《ほろべつ》の丘《おか》

知里幸恵《ちりゆきえ》は、一九〇三年（明治三十六年）、北海道の登別《のぼりべつ》に、アイヌの娘《むすめ》として生まれました。父は知里高吉《ちりたかきち》、母は金成《かんなり》ナミ。知里家《ちりけ》も金成家《かんなりけ》も、アイヌの村に古くから続いてきた家でした。

その当時、北海道には、本州から多くの和人《わじん》が移住《いじゅう》していました。アイヌの人びとは、明治政府《せいふ》が進める和人《わじん》への同化政策《せいさく》により、アイヌの伝統的《でんとうてき》な生活やしきたりから、和人風《わじんふう》の暮《く》らしに変えることを強《し》いられていました。

知里家《ちりけ》は、早くから牧場と農業を営《いとな》んでいました。しかし収入《しゅうにゅう》はとぼしく、生活の苦しさは、ほかのアイヌの家庭とちがいはありませんでした。

母の金成《かんなり》ナミは、若《わか》いころからキリスト教信者でした。

明治になるとキリスト教が解禁《かいきん》となり、イギリスなどから数多くの伝道者が、布教《ふきょう》のために日本のすみずみにまでやってきていたのです。

ナミは姉のマツとともに、十代のときから六年間、函館《はこだて》に開設《かいせつ》されたキリスト教の伝道学校で教義《きょうぎ》を学んでいます。また、そこで日本語を習い覚え、さらに当時めずらしかったローマ字での読み書きもできるようになっていました。

ナミは、高吉《たかきち》と結婚《けっこん》してからも、キリスト教の教えを守っていました。食事のときも、ナミは「父なる神よ、今日の恵《めぐ》みをあたえくださることへ感謝《かんしゃ》いたします。アーメン」という祈《いの》りをかかしません。幸恵《ゆきえ》と高吉《たかきち》は、ナミの祈《いの》りが終わるのを待ってから食事を始めるのでした。

幸恵《ゆきえ》は、そんな両親のもとで、日本語を話し、伝統的《でんとうてき》なアイヌの生活からぬけ出た暮《く》らしをしていました。ふだんは、こんなふうに遊んでいたことでしょう。

「幸恵《ゆきえ》ちゃん、遊ぼ！」

「うん！　海へ行こう」

仲良しのシゲちゃんが呼《よ》びにきました。幸恵《ゆきえ》は、何人かの近所の子どもたちと、登別川《のぼりべつかわ》沿《ぞ》いの野原を走り、海へ出ました。いっしょに遊ぶのは、いつもアイヌの子どもたちばかりでした。

幸恵《ゆきえ》たち女の子は、おままごとが大好き。砂浜《すなはま》に棒《ぼう》で線をえがいて、家に見立てます。

「ここがチセ、ここがプー、ここがアペオイよ」

チセは家、プーは倉、アペオイは炉《ろ》。

幸恵《ゆきえ》たちは、拾《ひろ》ってきたコンブや、つんできたグズベリーを、ホッキ貝やホタテの貝がらのお皿に盛《も》りつけます。

「さあ、ラタㇱケプ《あえ物》をどうぞ」

「いただきます」


アイヌ語には、早口ことばやなぞなぞもあり、幸恵《ゆきえ》たちも遊んだことでしょう。

オンネ　パㇱクㇽ　イーネ　カㇺタチ　タㇰ　クス　オマン
ネー　カㇺタチ　イーネ　サケ　アカㇻ　ワ　イサㇺ

当時と同じ形に再現《さいげん》した、かやぶきのチセ（左）とプー（右）。

《年寄《としよ》りカラスはどこへ行った？　こうじを取りにいった
そのこうじをどうした？　酒につくってしまった》[*1]

いいまちがえたりつかえたりすると、負けです。

チキㇼ　サク　ノ　コタン　オケレ　プ　ネプ　タ　アン？
《足がないくせに村から村へ行けるものなあに？》
チプ！
《舟！》[*2]

丘《おか》を登って馬を見に行くこともありました。そこは、父とその弟が経営《けいえい》する牧場でした。当時から北海道では馬の飼育《しいく》が盛《さか》んでした。

馬たちは、おだやかな海風をたてがみに受け、気持ちよさそうに草をはんでいます。

幸恵《ゆきえ》たちは、さくのすきまから鼻《はな》づらをなでてやったり、新鮮《しんせん》な草をつんできてさし出

第二章　登別《のぼりべつ》の海、幌別《ほろべつ》の丘《おか》

したりしました。

「ケラアン？《おいしい？》」

子どもたちの遊びの世界には、アイヌの暮《く》らしが生きていました。

このころはすでに、アイヌの人たちはアイヌ語ではなく日本語を話すことが求められ、名前まで日本語で命名するよう、強制《きょうせい》されていました。

しかし、家の中ではアイヌ語を使う家庭が多く、特に祖父母《そふぼ》の世代はアイヌ語のみで生活していました。そのため、子どもたちの多くは、自然に日本語とアイヌ語、両方を覚えていったのです。

幸恵《ゆきえ》がアイヌ語を覚えたのは、おもに母方の祖母《そぼ》、金成《かんなり》モナシノウクからでした。モナシノウクは、登別《のぼりべつ》からほど近い幌別《ほろべつ》の丘《おか》の家で、ひとりで暮《く》らしていました。幸恵《ゆきえ》は、知里家《ちりけ》の祖母《そぼ》を浜《はま》のフチ《おばあさん》、モナシノウクを山のフチと呼《よ》んでいました。

幸恵《ゆきえ》は、母・ナミに連れられてたびたび祖母《そぼ》の家を訪《おとず》れていました。モナシノウクの家には、アイヌの伝統的《でんとうてき》な暮《く》らしが数多く残っていました。幸恵《ゆきえ》は、この家が大好きでした。

四歳《さい》のときに弟の高央《たかなか》が生まれ、しばらくのあいだ幸恵《ゆきえ》は、この家でモナシノウクに育てられました。

幸恵《ゆきえ》は炉《ろ》ばたにちょこんとすわり、たきぎが燃えるにおいと、かやぶきのかべや屋根のいいにおいを胸《むね》いっぱいにすいこみます。

「フチ！　このおうちはあったかいね」

アイヌの伝統的《でんとうてき》な家は、カヤやヨシ（地方によってはササ）でつくられ、一見風が入りこんで寒そうに見えます。しかし、カヤなどのかべの厚《あつ》さは十センチメートルほどもあり、空気をたくさんふくんで、外の冷気を防いでくれました。炉《ろ》には火が絶《た》えることなくとろとろと燃え、チセ《家》の中はいつも暖《あたた》かでした。

フチは笑ってうなずき、アイヌのことばでいいました。

「火の神さまのおかげだよ。さあ、そろそろ夕飯ができる」

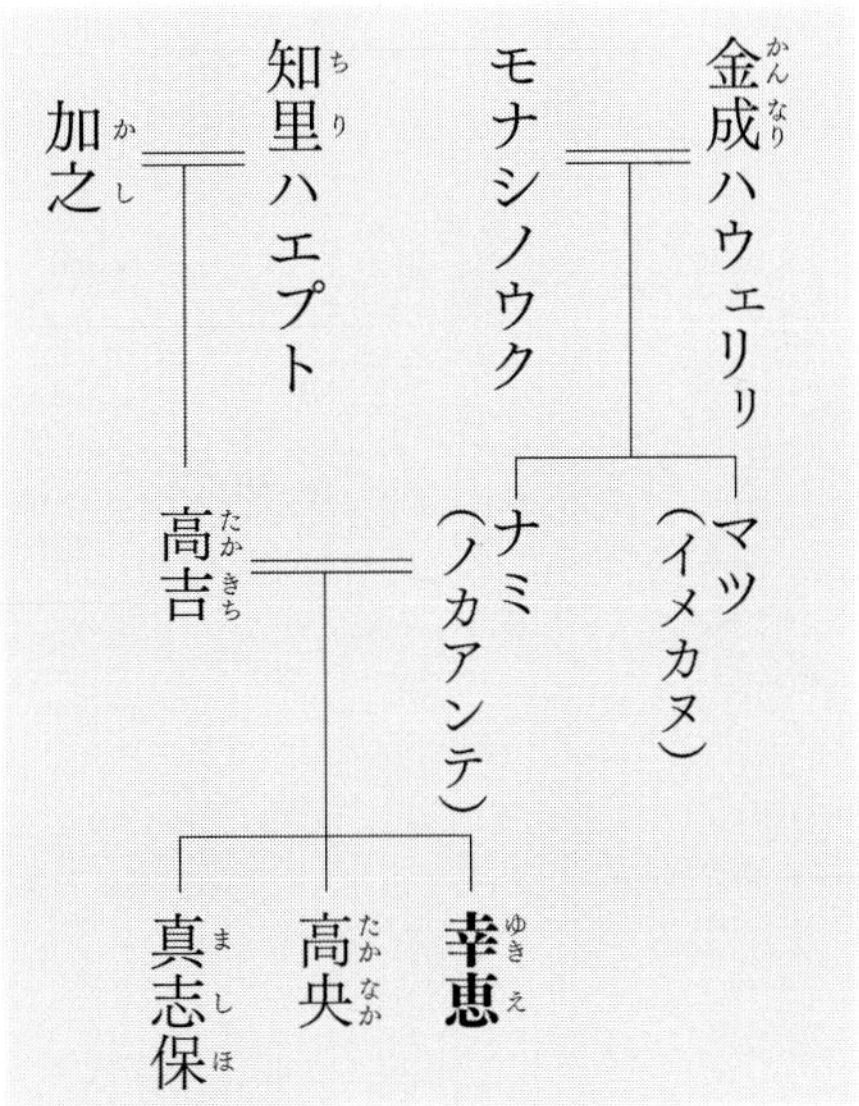

知里家家系図《ちりけかけいず》（一部省略《しょうりゃく》）

炉《ろ》でつくった、サケの燻製《くんせい》。

魚の皮でつくった衣服。

サケの皮でつくったくつ。くつ底は、すべりにくい背《せ》びれの部分を使った。

復元《ふくげん》したチセの内部。

フチは、日本語はすべてわかっていましたが、話すのはアイヌ語であり、けっして日本語を使おうとしませんでした。

いろりには、くしにさしたウグイが、こんがり焼けています。つるされたなべから、オハウ《煮《に》こみ料理》のいいにおいがただよってきます。なべの中では、燻製《くんせい》のサケと大根、ジャガイモ、行者《ぎょうじゃ》ニンニクや干《ほ》しキノコなどが、やわらかく煮《に》えています。

おなかいっぱいになると、幸恵《ゆきえ》はフチにねだります。

「フチ、お話聞かせて」

幸恵《ゆきえ》の楽しみは、モナシノウクが語る数《かず》かずのアイヌの物語でした。

アイヌ民族は、もともと文字を持っていません。物語は、人の口から人の耳へ、何代にもわたって語りつがれてきたものです。

モナシノウクの頭の中には、膨大《ぼうだい》な数のユカㇻ（詩《うた》物語）やウウェペケㇾ（昔話）が正《せい》確《かく》にしまわれていて、いつでも語りはじめることができました。

「幸恵《ゆきえ》はユカㇻが好きだねえ」

モナシノウクは、「カムイユカㇻ（アイヌの神々《かみがみ》にまつわる詩物語《うた》。歌うように語る）」の中から、「フクロウの神さまの話」を語ってくれました。

「シロカニペ　ランラン　ピㇱカン
コンカニペ　ランラン　ピㇱカン」[*3]

シロカニは銀、コンカニは金、ペは水、ランは降《ふ》る、ピㇱカンは「そのあたり」「そのまわり」というような意味です。

幸恵《ゆきえ》の目に、大きく羽を広げた神《こう》ごうしいシマフクロウの姿《すがた》がうかびました。すんだ湖から上がってきたところでしょうか、銀色の水、金色の水をしたたらせながら、村の空をゆっくり旋回《せんかい》しています。

なんてきれいなお話かしら……。

モナシノウクの語ることばは美しく力強く、リズムは快《こころよ》く、幸恵《ゆきえ》は思うぞんぶん物語の世界を旅することができました。

それは幸せな時間でした。

家の前は、サラサラと流れるオカチペッ（岡志別川《おかしべつがわ》）。そのせせらぎが、幸恵《ゆきえ》をするりとねむりの中へ運んでくれるのでした。

オッホルルルル……オッホへ
モコロ　シンタ　ランラン　ホーチポ　ホーチポ
《ねんねの　お舟が　空から降《お》りたぞ　そらこげ　そらこげ》*4

これはアイヌに伝わる子守歌のひとつですが、幸恵《ゆきえ》が小さいころは、モナシノウクから、こんな子守歌をきっときいていたことでしょう。

子守歌には、ルルルル……と、のどで小さな玉を転がすような、やさしい音が入ります。

第二章　登別《のぼりべつ》の海、幌別《ほろべつ》の丘《おか》

第三章　アイヌの小学校で

一九一〇年（明治四十三年）、九月。七歳《さい》の幸恵《ゆきえ》は小学校一年生になっていました。幸恵《ゆきえ》が通っていたのは、生まれ育った登別《のぼりべつ》の小学校ではなく、旭川《あさひかわ》の近文《ちかぶみ》に新しくできた、「上川《かみかわ》第五尋常《じんじょう》小学校」（のちの豊栄尋常《ほうえいじんじょう》小学校）でした。

幸恵《ゆきえ》はこの春から、近文《ちかぶみ》に新しく建てられたキリスト教の伝道所（教会）で暮《く》らすようになっていました。真新しい伝道所は、六畳《じょう》ほどの板敷《いたじ》きの部屋で、数脚《すうきゃく》のベンチがあり、かべには木製《もくせい》の十字架《じゅうじか》が取りつけてあります。幸恵《ゆきえ》の好きなオルガンもありました。伝道室の奥《おく》には、たたみの部屋もあります。

いっしょに住むのは、両親ではありません。母ナミの姉のマツおばさんと、祖母《そぼ》モナシノウクでした。

近文《ちかぶみ》には、四十戸ほどのアイヌの人びとの家がありました。キリスト教の伝道師《でんどうし》であるマツは、ここで布教《ふきょう》をするために海外伝道協会から派遣《はけん》されていました。

幸恵《ゆきえ》は、母ナミからこう言い聞かされていました。

「マツおばさんは足が悪いし、フチももうおばあさんだから、幸恵《ゆきえ》が手伝ってあげなさい。だいじょうぶ、幸恵《ゆきえ》はしっかりしているもの。今はまだ小さいけど、すぐに立派《りっぱ》に手伝いができるようになるわ」

マツは子どものときのけがにより、足が不自由となり、独身《どくしん》でした。幸恵《ゆきえ》は、数えるほどしか会ったことがありません。でも、フチがいっしょなら、だいじょうぶ。幸恵《ゆきえ》はそう思って、旭川《あさひかわ》行きをいやがりませんでした。

けれども、初めのうちは不安でいっぱいでした。旭川《あさひかわ》は、同じ北海道とはいえ、登別《のぼりべつ》から汽車を乗りついで十時間以上かかるのです。ハポ《おかあさん》にもミチ《おとうさん》にも浜《はま》のフチ《おばあちゃん》にも、二人の弟にも、なかなか会えません。弟の高央《たかなか》は二歳《さい》、その下に生まれた真志保《ましほ》はまだ赤ちゃんで、かわいい姿《すがた》を見ることができません。仲良しだったシゲちゃんたちとも、遊べなくなりました。

けれども、コタン《村》の中には同じくらいの子どもたちがたくさんいました。学校はコタンの中ほどにあり、伝道所のとなりです。幸恵《ゆきえ》は伝道所にも学校にも慣《な》れ、熱心に勉強するようになりました。

そこは、アイヌの子どもたちだけが通う小学校であり、和人《わじん》からは「土人学校《どじん》」と呼《よ》ばれていました。

土人《どじん》――このひどく差別的なことばは、当時はあたりまえのように使われていました。アイヌの人びとは、和人《わじん》よりも一段《いちだん》低い民族とされていたのです。

アイヌの人びとの文化と和人《わじん》の文化とは、明らかなちがいがありました。

ひとつは、アイヌの人びとが文字を持たないということ。必要なことがらは、すべて記憶《きおく》していました。実際《じっさい》、アイヌの人びとはすぐれた記憶力《きおくりょく》を持っていたと考えられます。

文字を持たない文化は、ネイティブアメリカンやイヌイットなど、世界中に数多くあります。

世界の言語の種類は、五千から七千ほどといわれています（数え方により大きく変わります）。その一方で、文字の種類は数百とされています。アルファベットや漢字、アラビア文字などです。

その数百の文字も、大きく分けるとたった四種類の系統《けいとう》にまとめられるそうです（『図説　世界の文字とことば』町田和彦編　河出書房新社）。

ということは、多くの文字は、その民族がつくり出したものではなく、他民族から取り入れて定着していったということです。日本人も、となりの中国から漢字を取り入れて文字とし、そこからひらがなとカタカナをつくり出してきました。

文字の文化は、けっして人類みんなが持っているものではないのです。

また、和人《わじん》との自然観、宗教観《しゅうきょうかん》のちがいもありました。和人《わじん》が大きく分けて神道《しんとう》と仏教を信じるのに対し、アイヌの人びとの精神の中心にあるのは、たくさんの神さまでした。山や川、火、動物や植物、さらに生活の道具にも、神さまの力が宿っていて、人間はそれらの神に守られ、恵《めぐ》みをあたえられて「生かされている」と考えてきました。

アイヌの人びとは、北海道の大自然の中で、神さまからのおくり物として鳥やけものや魚をとらえ、豊《ゆた》かにしげる植物をつみ、それらを加工し、じゅうぶんな暮《く》らしを営《いとな》んでいました。交易《こうえき》も盛《さか》んで、和人《わじん》やほかの民族と物々交換《ぶつぶつこうかん》をして必要なものを得ていました。寒冷地であるので、稲作《いなさく》を取り入れることはしませんでしたが、野菜やアワ、ヒエなどを畑で栽培《さいばい》していました。

家や畑の土地、けものや植物や木材をとる山野《さんや》、魚をとる海などについては、村ごとにある程度《ていど》決められていたようです。よその村の土地に立ち入って、狩《か》りなどをすることは、いましめられていました。

けれども、和人《わじん》のように、ひとりの領主《りょうしゅ》が広大な土地を所有していたり、地主がいたり、土地を売ったり買ったりすることはありませんでした。

アイヌの村は、数戸から十数戸で、大きな統一《とういつ》国家はありません。大きな国家がなければ、大きな戦争が起きません。戦争がなければ、大がかりな武器《ぶき》を生産することもありません。

とはいっても、まったく戦争がなかったわけではありません。十三世紀には、サハリン（樺太《からふと》）での交易《こうえき》をめぐる争いから、中国の元と四十年にもわたる戦争が行われていたことがありました。

しかし、世界的に見て戦争がきわめて少ない民族だということは、いえるでしょう。

さらに、領主《りょうしゅ》や地主《じぬし》がいないということは、個人《こじん》の財産《ざいさん》に大きな差がつかず、したがって身分の差も生じません。実際《じっさい》には、コタンコロクㇽという村長《むらおさ》はいて、村のまとめ役はしていましたが、和人《わじん》社会での朝廷《ちょうてい》、貴族《きぞく》、武士《ぶし》といった支配者《しはいしゃ》階級はありませんでした。

アイヌの村落は、たいへん平和で平等な社会であったといえます。

十三世紀ごろから、アイヌの人びとの交易《こうえき》の場が広がっていきます。和人《わじん》が治める津軽《つがる》(現在《げんざい》の青森県)や、中国東北部や千島《ちしま》列島、さらにカムチャツカ半島からアリューシャン列島にまで広がっていたといいます。彼《かれ》らは、イタオマチㇷ゚という舟に、特産品の毛皮などを積んで、荒《あ》れる北の海へとくり出していたのです。

和人《わじん》との交易《こうえき》でアイヌの人びとは、干《ほ》したサケやコンブ、ラッコやアザラシ、テンなどの毛皮を、米や酒、布《ぬの》、鉄製品《てっせいひん》などと交換《こうかん》していました。

しかし、時代が進むにつれて、和人《わじん》の勢力が増《ま》していき、和人《わじん》はアイヌの人びとから、さらに多くの生産物を得ようとしました。その方法として、アイヌの人びとが、ほかの民族と自由に交易《こうえき》をすることを禁《きん》じ、和人《わじん》が独占《どくせん》できるようにしたのです。

こうした動きに対抗《たいこう》するには、アイヌののびやかな社会の長所が弱点となりました。外敵《がいてき》に立ち向かう力が小さく、ひとたび外部の大きな権力《けんりょく》が侵略《しんりゃく》してくると、たち打ちできません。

和人《わじん》は、アイヌの人びととの交易《こうえき》で交換《こうかん》するものの比率《ひりつ》を、和人《わじん》が得をするように、一方的に定めるようになりました。一六四一年ごろには、燻製《くんせい》サケ百ぴきに対して米約二十八キログラムだったのが、一六六九年ごろには米約十一キログラムに激減《げきげん》した、という記録があります。

十八世紀になると、和人《わじん》はもっと大きな利益《りえき》を得るために、生産物の交換《こうかん》ではなく、アイヌの人びとを漁場で働かせるようになります。もはや、対等の商売相手ではなく、雇《やと》い主《ぬし》と労働者という関係となってしまったのです。これはアイヌの人びとが、和人《わじん》社会の貨《か》幣《へい》を中心とした経済《けいざい》に、組みこまれていったということです。アイヌの人びとは、わずかの賃金《ちんぎん》で厳《きび》しい労働を強《し》いられるようになりました。

こうした流れにアイヌの人びとの怒《いか》りがふき出し、和人《わじん》に立ち向かったこともありま

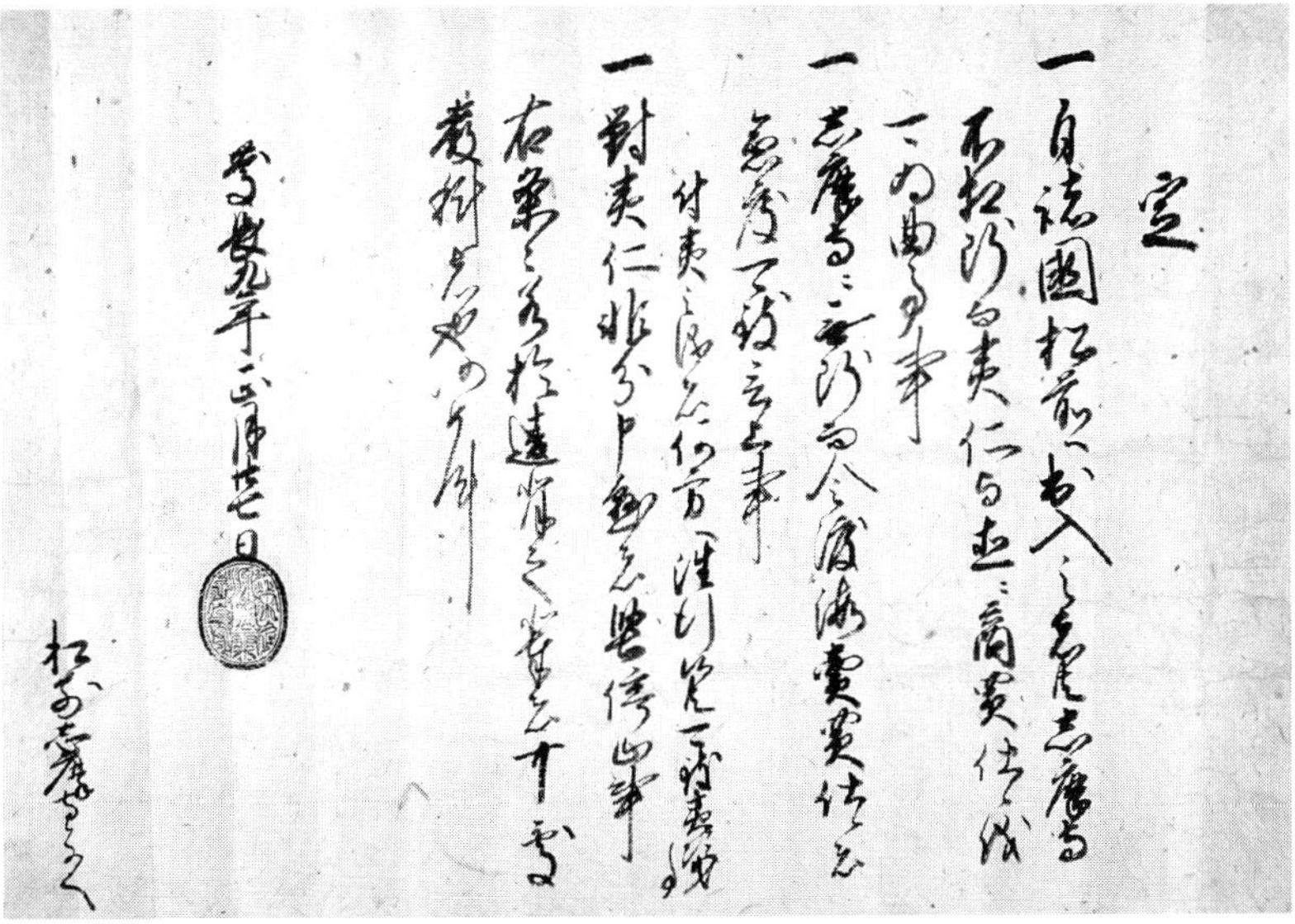

定

一　自諸国松前へ出入之者共、志摩守不相断而、夷仁与直ニ商売仕候儀、可為曲事

一　志摩守ニ無断而、令渡海売買仕者、可致言上事

付、夷之儀者、何方へ往行候共、可致夷次第事

一　対夷仁非分申懸者、堅停止事

右条々若於違背之輩者、可処厳科者也、仍如件

慶長九年正月廿七日

松前志摩守とのへ

徳川家康《とくがわいえやす》が松前氏《まつまえし》に送った、蝦夷地《えぞち》での交易《こうえき》の独占《どくせん》を認《みと》める「黒印状《こくいんじょう》」。

す。代表的なもので、三回の大きな戦いがありました。

一四五七年の「コシャマインの戦い」、一六六九年の「シャクシャインの戦い」、一七八九年の「クナシリ・メナシの戦い」です。

いずれも、和人《わじん》の勝利に終わり、アイヌの人びとへの迫害《はくがい》は、ますます大きくなっていきました。

やがて明治時代になると、政府《せいふ》はさらに大きな犠牲《ぎせい》をアイヌの人びとに強《し》いるようになります。アイヌの人びとの土地をうばったのです。

アイヌの人びとには、土地の売買という習慣《しゅうかん》がありません。また文字がないため、契約《けいやく》書《しょ》などを読むこともできません。そこにつけこんで、さまざまな規則《きそく》や条例《じょうれい》をつくり、一方的におしつけて、生活の場や、狩りや食物を得るための土地を、次つぎに取り上げてしまいました。サケ漁《りょう》やシカ猟《りょう》も自由にできなくなり、家をつくるために山で木を切り出すことも、禁止《きんし》されました。

さらに、日本語を使うことを強制《きょうせい》し、名前すら日本名を名乗ることを強《し》いたのです。

たとえば、幸恵《ゆきえ》の母ナミとおばマツのアイヌ名は、それぞれノカアンテとイメカヌとい

シャクシャイン像《ぞう》
（北海道新ひだか町：
竹中敏洋・作）。

クナシリ・メナシの戦いが起き
た国後島《くなしりとう》の指導者《しどうしゃ》、ツキノエ。

います。しかし、幸恵《ゆきえ》は日本名のみで、アイヌ名が命名されることはありませんでした。文化の結晶《けっしょう》であることばをうばうということは、たいへん大きな問題です。アイヌの文化を、民族そのものを、消し去ろうとすることにほかなりません。

明治政府《せいふ》は、アイヌの人びとを日本人に同化させること、つまり、日本人として生きることを強《し》いたのです。

こうして、アイヌの人びとは、生活、文化、伝統《でんとう》、そして民族のほこりをうばわれ、日本国民として組みこまれていきました。それにもかかわらず、アイヌの人びとのことを、政府《せいふ》はなんと呼《よ》んだのでしょうか。

「旧土人《きゅうどじん》」です。これは、明治政府《せいふ》が示した正式な呼《よ》び名です。日本国民に同化するように強《し》いておきながら、「旧土人《きゅうどじん》」という差別的なことばを用いたのです。

実は、幸恵《ゆきえ》が入学し、その年の夏まで通っていたのは、別の小学校でした。「上川《かみかわ》第三尋常《じんじょう》小学校」、そこは、和人《わじん》の子どもたちといっしょでした。

一クラスに数人のアイヌの子どもたちは、いつでも身をちぢめるようにして過《す》ごしていました。アイヌ語を使ったといっては先生にしかられ、和人《わじん》の子どもたちから、「アイヌの子」「土人《どじん》の子」と、指さされたりからかわれたりの、つらい毎日でした。

九月になって新しく「上川《かみかわ》第五尋常《じんじょう》小学校」が建つと、アイヌの子どもたちは、和人《わじん》の子のいない学校に、ほっとして通うようになりました。

八年後の一九一八年（大正七年）の新聞には、こんな記事がのせられていました。

「元来彼《かれ》らとわれわれとは、風俗習慣《ふうぞくしゅうかん》がまるで異《こと》なっており、頭脳《ずのう》の程度《ていど》もよほどちがっているところから、ついに（内地人＝和人《わじん》との混合《こんごう》教育は）不可《ふか》ということになり、別に教育することになった」

日本語をまだじゅうぶん覚えていないアイヌの子どもたちにも、日本語による授業《じゅぎょう》を行っていたのですから、授業《じゅぎょう》についていけないのはあたりまえです。それでも、新聞に堂《どう》どうと「頭脳《ずのう》の程度《ていど》がちがっている」と書きしるしていた時代でした。

新しい小学校は、全校児童数十五人で、ひとつの教室で学ぶこととなりました。一年生は、幸恵《ゆきえ》をふくめて男女四人ずつでした。先生は和人《わじん》、授業はやはり、すべて日本語です。

幸恵《ゆきえ》が四年生のころのこと。

「みっちゃん、どうしたのかしら？」

もうすぐ昼休みが終わるというのに、三年生のミチが、もどってきません。学校の近くに家があるミチは、昼食は弁当《べんとう》を持ってくるのではなく、家まで食べに帰っていました。

やがて、ガランガランとかねが鳴り、先生が教室に入ってきて空席に気づき、厳《きび》しい声でいいました。

「ミチはどうした？」

幸恵《ゆきえ》もほかの子どもたちも、そわそわしながら、窓《まど》から校門を見たりろうかをふり返ったりしていました。

「あっ、来ました！」

六年生の級長がさけびました。ミチが、顔を真っ赤にして走ってきます。

教室にかけこんだミチの前に、先生が立ちはだかりました。

「なにをしていた？　家で昼寝《ひるね》でもしていたのか？」

先生のどなり声に、ミチは、目をいっぱいに見開いて首を横にふり、「チセ《家》……」

といいかけ、あわてて口をおさえました。日本語で話さないと、よけいにしかられます。

「いえないのか？　口がないのか？」

ミチは真っ赤だった顔を青くして、なにかをいおうとしますが、口をぱくぱくさせるばかりです。

みっちゃん、日本語！　日本語でいわなくちゃ——。

幸恵《ゆきえ》ははらはらしながら、ミチを見上げました。

バシッ！　ミチのほほが鳴りました。先生が平手でたたいたのです。小さなミチは教室の後ろまで飛ばされ、しりもちをつきました。

「アラカ《痛《いた》い》！　クキサラ　アラカ《耳が痛《いた》い》」

ミチは、耳をおさえて泣き出しました。幸恵《ゆきえ》がかけ寄ると、ミチの着物がぬれています。たたかれたはずみに、おもらしをしてしまったのでした。

幸恵《ゆきえ》は、泣きじゃくるミチをろうかに連れ出し、後始末をしてやりました。先生は、腕《うで》組《ぐ》みをして立っているだけでした。

「家の時計が、止まっていて……じ、時間がわからなかった……」

ミチは泣きながら、幸恵《ゆきえ》にうったえました。

ミチはこのとき、片方《かたほう》の鼓膜《こまく》が破《やぶ》れてしまい、生涯片方《しょうがいかたほう》の耳しか聞こえませんでした。なかには、やさしい先生もいました。平岡《ひらおか》先生という若《わか》い先生は、アイヌだからといってさげすむことはせず、自分の弟や妹のように、かわいがってくれました。幸恵《ゆきえ》は友だちとともに、お祭りの日に先生の家に遊びにいったこともありました。

しかし、そういう先生は少数でした。

学校から帰ると、子どもたちはようやく笑顔を取りもどし、コタンの中を走りまわって遊ぶのでした。

幸恵《ゆきえ》は、小学校の六年間、休むことなく学校に通い、二、三、四年生では皆勤賞《かいきんしょう》、六年生で精勤賞《せいきんしょう》を受けました。そのうえ、四、五、六年の成績《せいせき》は「優等《ゆうとう》」でした。

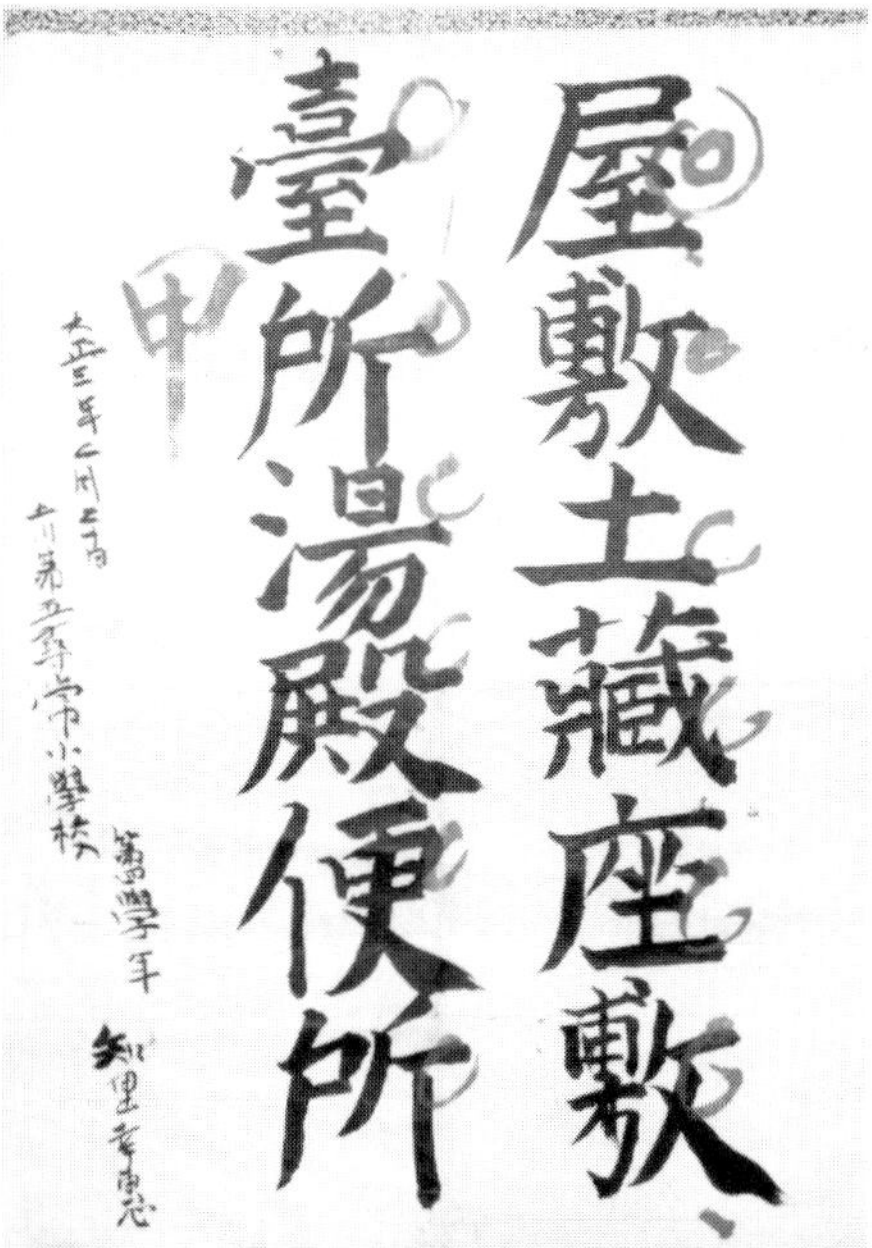

幸恵《ゆきえ》が4年生のときに書いた習字。

小学校の運動会の日に撮《と》った写真。後列右が幸恵《ゆきえ》、前列中央がマツ。

第四章　コタンの人びと

「ただいま、おかあさん」

おばのマツのことを、幸恵《ゆきえ》はおかあさんと呼《よ》んでいました。登別《のぼりべつ》の母ナミのことはハポ《おかあさん》、父はミチ《おとうさん》です。

「おかえりなさい、幸恵《ゆきえ》」

「幸恵《ゆきえ》ちゃん、おかえり」

マツと、何人かのコタン《村》の人たちがこたえました。伝道所には、よくコタンのおじさんおばさんたちが集まってきて、台所の炉《ろ》を囲んで、お茶を飲みながらおしゃべりをしていました。

マツが赴任《ふにん》したばかりのころは、コタンの人びとはなじみのうすいキリスト教会に対して、なにをするところだろう、と警戒《けいかい》していたようでした。けれども、キリスト教の教義《きょうぎ》をおしつけないマツや、アイヌ語を話すモナシノウク、それに小さな女の子という女ばかりの三人家族に、しだいに打ちとけていきました。

それに、アイヌの人びとには、自分たちの知らない神さまであっても、尊《とうと》んでいる人がいるならいい神さまなのだろうという、おおらかな心がありました。

この近文《ちかぶみ》のコタンは、生活の場をうばわれたアイヌの人びとに、「旧土人給与地《きゅうどじんきゅうよち》」として農業をするようにあたえられた土地でした。慣《な》れない農作業につかれた人びとは、昔の暮《く》らしをなつかしんで、マツの伝道所に集まってきます。

明治政府《せいふ》は、一八九九年（明治三十二年）、「北海道旧土人保護法《きゅうどじんほごほう》」という法律《ほうりつ》を制定《せいてい》しました。この法律《ほうりつ》は、土地を追われ、生きる手段《しゅだん》をうばわれたアイヌの人びとの生活を補《ほ》償《しょう》するためにつくったとされています。

しかし、この「旧土人《きゅうどじん》」という名称《めいしょう》のほかにも、多くの問題をふくんでいます。補償《ほしょう》には、申し出れば開墾《かいこん》する土地をあたえるというものがありましたが、多くの場合、その面積は和人《わじん》の開拓民《かいたくみん》より格段《かくだん》にせまく、十分の一以下ということもありました。畑に向かない土地もたくさんまじっていました。

それに、これまで狩猟《しゅりょう》や漁業と小さな畑とで生活していたアイヌの人びとが本格的《ほんかくてき》な農業を営《いとな》むのは、たいへんな苦労があります。

この法律《ほうりつ》が施行《しこう》されたあとも、アイヌの人びとの生活の厳《きび》しさは変わりませんでした。幸恵《ゆきえ》が生まれた一九〇三年（明治三十六年）は、この法律《ほうりつ》ができてから四年後です。

この「旧土人保護法《きゅうどじんほごほう》」が廃止《はいし》されたのは、なんと一九九七年（平成九年）のこと。同時に「アイヌ文化振興法《しんこうほう》」（正式名称《めいしょう》は「アイヌ文化の振興並《しんこうなら》びにアイヌの伝統等《でんとうとう》に関《かん》する知識の普及及《ふきゅうおよ》び啓発《けいはつ》に関《かん》する法律《ほうりつ》」）が生まれました。アイヌ文化は日本の貴重《きちょう》な文化であることが、ようやく法律上《ほうりつじょう》で認《みと》められたのです。これらは、アイヌの人びとの、明治時代からのねばり強いうったえかけがあってのことでした。

炉《ろ》を囲み、アイヌのお茶、熱いエント茶（ナギナタコウジュのお茶）を飲みながら、みんなの口から出るのは、昔のコタンでの思い出話です。

「寒くなってきたねえ。ああ、ササのチセ《家》がなつかしいねえ」

旭川《あさひかわ》をふくむ上川《かみかわ》地方では、豊富《ほうふ》にしげっているササの葉で、かべや屋根をふいて家をつくっていました。ササの葉の分厚《ぶあつ》い重なりが、空気をたくさんふくみ、氷点下となる厳《きび》しい冬の寒さを防いでくれました。

「和人《わじん》の家は寒いよね」

ひとりがいいました。このコタンの家は、チセではなく小さな日本家屋ですが、すきま風がひどく、寒い思いをしていました。

「サケを何びき何十ぴきと、炉《ろ》の上につるして干《ほ》して、カチカチになったのはうまかったなあ」

「うんうん、煮《に》てもあぶってもおいしかった。今の家では、あんなにたくさんつるせる場所がないからねえ」

「いやあ、つるせるほどとれやしない。サケ漁《りょう》、おおっぴらにはできなくなったし」

「シカ猟《りょう》も禁止されてしまったねえ」

アイヌのおじさんやおばさんたちは、きつい畑仕事でこわばった肩《かた》やひざをさすりまし

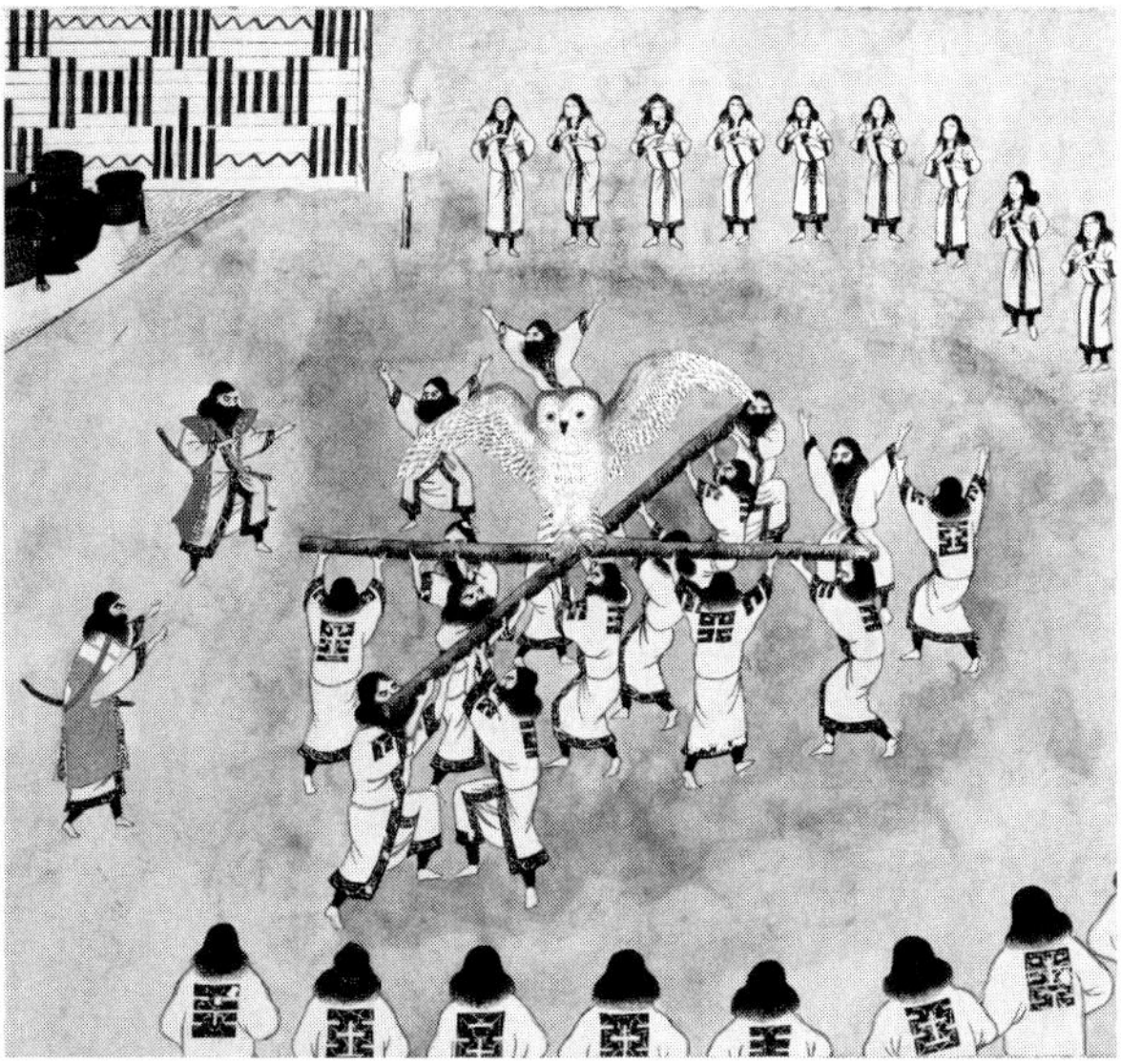

シマフクロウのお祭りのようす（『アイヌ風俗《ふうぞく》絵巻』「フクロ祭り」）。

た。

マツとモナシノウクは、うなずきながら聞いていました。

こういうとき、マツは「つらいときはイエスさまに祈《いの》りましょう」とはいいません。

和人《わじん》に仏さまや神さまが根づいていたのと同様に、アイヌの人びとにも、もちろん独自《どくじ》の信仰《しんこう》がありました。それが、第三章でふれたような、たくさんのカムイ《神》の存在《そんざい》です。

カムイは、アイヌの人びとの暮《く》らしの根本にとけこんでいました。カムイはあらゆるところにいます。火の神（アペフチカムイ）、水の神（ワッカウㇱカムイ）、村を守る神（コタンコㇿカムイ《シマフクロウ》）、山の神（キムンカムイ《クマ》）。また、伝染病《でんせんびょう》をもたらすカムイ（パヨカカムイ）や、飢《き》饉《きん》のカムイ（ケㇺラㇺカムイ）もいました。

それらのカムイを敬《うやま》い、感謝《かんしゃ》して（災《わざわ》いをなすカムイには、お帰りいただくようていねいに祈《いの》って）生きるのが、アイヌの人びとの心のありようです。

マツは、「カムイではなくキリストを信じなさい」という布教《ふきょう》はしませんでした。ただ、アイヌの人びとの苦しみ、つらさを、だまって聞いていました。

「モナシノウク、ユカㇻをお願い」

コタンの人びとの楽しみは、モナシノウクが語るユカㇻ（詩物語《うた》）やウウェペケㇾ（昔話）でした。

モナシノウクは、ユカㇻの名手でした。日ごろは口数が少なく、だれの話でもしきりにうなずきながら聞いているようなおばあさんですが、ユカㇻのときは神さまが乗りうつったかと思われるほど、堂《どう》どうとした力強い声になるのです。

文字を持たないアイヌの人びとは、はるか昔から口伝えで物語を楽しんできました。それを「口承《こうしょう》文学（口承《こうしょう》文芸）」といいます。

アイヌだけではなく、世界中に数多くの口承《こうしょう》文学があります。南アメリカ大陸のインカ神話、ネイティブアメリカンの神話、オーストラリアのアボリジニの神話、北米大陸北部などのイヌイットの神話、アイルランドやウェールズのケルト神話などです。

しかしこれら以外でも、どの民族でも文字が伝わる以前は、物語や詩はすべて口伝えで語りつがれてきました。文字が伝わったとしても、どの国でも支配者層《しはいしゃそう》や、僧侶《そうりょ》や神官などの聖職者《せいしょくしゃ》が使うもので、大多数の人びとは何世紀にもわたり、文字とは無縁《むえん》の暮《く》らしをしていたのです。日本の昔話も同じです。

アイヌの口承《こうしょう》文学の代表的なものは、ユカㇻ（英雄《えいゆう》の活躍《かつやく》をえがいた叙事詩《じょじし》〈詩物語《うた》〉）、カムイユカㇻ（神さまの詩《うた》物語）、ウウェペケㇾ（昔話）の三つです。

そのうち、英雄《えいゆう》のユカㇻは、人間の少年が降《ふ》りかかる危険《きけん》をくぐりぬけて恋人《こいびと》を守り、戦いに勝利し、もどってくるといった、はらはらどきどきさせる壮大《そうだい》な冒険《ぼうけん》ファンタジー物語です。節《ふし》があり、歌うように語られます。語り終えるのに何日もかかる大長編《だいちょうへん》もあります。

ユカㇻの語り手は、ユカㇻクㇽと呼《よ》ばれ、どのコタンにも一人、二人はいたようです。アイヌの人びとは、世界でも指折りの口承文学《こうしょう》を持っていました。まさにアイヌは、ことばの民、詩《うた》の民、物語の民でした。

しかし、和人《わじん》への同化政策《せいさく》により、ユカㇻクㇽは絶《た》えようとしていました。

モナシノウクは、レプニ（拍子《ひょうし》をとるための木の棒《ぼう》）を取り上げていいました。

「そうだねえ……それでは、『クトゥネシㇼカ』のひと節《ふし》を」

フチは、炉《ろ》のふちをレプニでたたいて拍子《ひょうし》をとりながら、ポンヤウンペ少年という英雄《えいゆう》の冒険《ぼうけん》物語を、低い声でゆっくりとよどみなく歌うのでした。海でも空でも自由に行き来できる英雄《えいゆう》の、奇想天外《きそうてんがい》な物語に、コタンの人びとはわくわくしながら聞き入りました。

炉《ろ》を囲んで、歌を歌うこともありました。

東のほうから　神さまが降《お》りて
アオダモの枝《えだ》にとまっている……[＊5]

サロルンチカㇷ゚リㇺセ

ウポポ

「ウポポ」、すわり歌といわれる輪唱《りんしょう》です（本来は数人でシントコという容器《ようき》のまわりにすわり、そのふたをたたいて拍子《ひょうし》をとりながら歌う）。

伝道室で、あるいは外に出て、リムセ（輪おどり）をすることもありました。お祭りのとき、お祝いのとき、おおぜいで行う作業のとき、アイヌの人びとが輪になって歌い、おどってきたものです。ツルの動きをまねた「サロルンチカプリムセ」やキツネの動きをまねた「チロンヌプリムセ」などもあります。

こうして、ここに集《つど》う人びとは、日々《ひび》のつらさをひととき忘《わす》れることができました。伝道所は、コタンの人びとのやすらぎの場となっていたのです。

また、マツに日本語の文字を教わりに来る人、新聞を読みに来る人もいました。コタンの中で、新聞をとっているところは、伝道所だけでした。伝道所は、文化的な集《つど》いの場としての役割《やくわり》も果たしていたのです。

子どもたちも伝道所に集まってきました。幸恵《ゆきえ》が学校から帰ると、

「幸恵《ゆきえ》ちゃん、勉強教えて」

と、年下の子どもたちが、毎日のように伝道室で待っています。先生がアイヌのことばを

いっさい使わないので、授業《じゅぎょう》がさっぱりわからない、という子どもたちです。幸恵《ゆきえ》がアイヌのことばに日本語をまじえて教えてやると、どの子もぱっと明るい顔になりました。

「ああ！　そういうことかあ。幸恵《ゆきえ》ちゃんに聞くと、よくわかる」

「これで先生にしかられないですむよ」

日曜日には、コタンの子どもたちのために日曜学校が開かれました。マツが聖書《せいしょ》を読んで話をして、そのあとに幸恵《ゆきえ》のオルガンの伴奏《ばんそう》で賛美歌《さんびか》を歌います。

幸恵《ゆきえ》は、マツからオルガンを教わり、毎日のように練習し、たいていの賛美歌《さんびか》の伴奏《ばんそう》ができるようになっていました。

「ああ、幸恵《ゆきえ》ちゃんがいてくれて、助かるねえ」

マツは、オルガンをひく幸恵《ゆきえ》を、いつもいとおしそうに見守っていました。

幸恵《ゆきえ》は、マツからキリスト教の教えを、学校から日本語と日本文化を、そしてモナシノウクからアイヌ語とアイヌの文化を、吸収《きゅうしゅう》していきました。

第五章　もう行きたくない——高等小学校

幸恵《ゆきえ》は、小学校を「優等《ゆうとう》」で卒業しました。

当時の学校制度《せいど》は今とちがい、小学校を六年生で終えたあと、二年間の高等小学校へ進むか、卒業して働きはじめるかを選ぶことになっていました。そのほかに、男子は中学校、女子は高等女学校を受験して進学する道がありました。

成績《せいせき》のよかった幸恵《ゆきえ》は、北海道庁立旭川《ちょうりつあさひかわ》高等女学校（現在《げんざい》の北海道旭川《あさひかわ》西高等学校）を受験しました。しかし、結果は不合格《ふごうかく》でした。

「幸恵《ゆきえ》が落ちるはずがない。小学校は優等《ゆうとう》だったんだから——」

「やっぱりアイヌの子だから……？」

「和人《わじん》の子をさしおいて、アイヌの子を合格《ごうかく》させるわけにはいかない、ということかもしれないね」

「あの女学校は、軍人や有力者の娘《むすめ》が入るところだから……」

マツとモナシノウクが肩《かた》を落としました。

幸恵《ゆきえ》は、なみだをこらえて笑顔をつくり、二人に告げました。

「だいじょうぶ、わたし、高等小学校に行くわ」

しかし、高等小学校は、幸恵《ゆきえ》が卒業したアイヌの小学校に併設《へいせつ》されていません。アイヌの子どもたちには、それ以上の勉強は必要がないとされていたのです。

幸恵《ゆきえ》は、別の地区の高等小学校に通うことになりました。そこは、一年生の初めの数か月だけ通ったところでした。

新しい四十数名のクラスの中に、アイヌの生徒は幸恵《ゆきえ》だけでした。幸恵《ゆきえ》のことを指さして、ひそひそ話をしている生徒もいます。一年生のころの幸恵《ゆきえ》を覚えている生徒のようでした。

「アイヌのくせに、高等に来るとはな」

そんな声が背中《せなか》ごしに聞こえてきます。

幸恵《ゆきえ》はぎゅっと両手をにぎりしめました。

なぜ、アイヌが勉強したらいけないの？　少しばかり、和人《わじん》とちがうところがあるというだけで……。

幸恵《ゆきえ》のとなりの席になるのをいやがる生徒もいました。話しかけてくる生徒もいません。

ひとりぼっちの休み時間、幸恵《ゆきえ》は教科書を読み返して過《す》ごしました。勉強ができれば、少なくとも、先生にしかられ「これだから土人《どじん》の子は――」などといわれることはありません。

ある日の放課後、幸恵《ゆきえ》が校門を出ると、何人かの男子生徒が、にやにやしながら近づいてきました。

「な、なによ、なにか用なの？」

生徒たちは幸恵《ゆきえ》を取り囲むと、わざと大きな音を立てて鼻《はな》をくんくんさせて、においをかいだのです。

「なにするのよ！」

にげようとする幸恵《ゆきえ》に、こんなことばが投げつけられました。

「へえ、こいつ、土人《どじん》なのにくさくないな」

幸恵《ゆきえ》は真っ赤になり、かけ出しました。

まわりにいた女子生徒たちの笑い声が、追いかけてきます。

アイヌの人びとは食生活のちがいなどから、一般的《いっぱんてき》に和人《わじん》より体臭《たいしゅう》が強いといわれ、それも偏見《へんけん》を生む理由のひとつでした。

教会までにげ帰った幸恵《ゆきえ》は、炉《ろ》の前にいたマツの背中《せなか》にしがみつき、泣き出しました。

「幸恵《ゆきえ》！　どうしたの？」

幸恵《ゆきえ》は、切れぎれにさっきのことを話しました。

「かわいそうに、そんな失礼なことをされたの。なんて悪い子たち。それはつらかったねえ」

「あんな学校、もう行きたくない……」

マツは、だまって幸恵《ゆきえ》の肩《かた》をだいて、背中《せなか》をさすってやりました。

しばらくして幸恵《ゆきえ》のなみだがかわくと、マツは熱いエント茶をいれてくれました。

「ごめんなさい、おかあさん……」

マツは首をふりました。

「いいのよ、もっと泣いてもいいの。幸恵《ゆきえ》は、いつもがんばって、がんばっているんだもの。たまにはこうして泣いて、弱音はいてもいいのよ。あんたは、ちっともなみだを見せないものねえ。たった七歳《さい》で親もとをはなれて、遠い旭川《あさひかわ》に来てくれた。それなのに、泣くでもわがままいうでもなく、勉強も手伝いもきちんとやっている。

こんないい子、どこさがしてもいませんよ。だから、あまったれの和人《わじん》の子のいうことなんか、気にしてはだめ。まして、若《わか》い娘《むすめ》にそんな無礼なことをするなんて、とんでもない男の子だわ。そんな子、大人になっても紳士《しんし》にはなれませんよ」

幸恵《ゆきえ》のほほに、ようやくかすかな笑みがうかびました。マツは、目を細めました。

「よかった。こうやって、幸恵《ゆきえ》をなぐさめることができて、わたしはうれしいの。幸恵《ゆきえ》はわたしの大事な娘《むすめ》、じまんの娘《むすめ》だもの」

旭川《あさひかわ》に来て七年目。幸恵《ゆきえ》は十三歳《さい》になっていました。

旭川《あさひかわ》時代の幸恵《ゆきえ》（左）とマツ。

第六章　自由にはばたけ――女学校

翌年《よくとし》、幸恵《ゆきえ》は旭川《あさひかわ》区立女子職業《しょくぎょう》学校（のちの旭川《あさひかわ》市立女子高等学校）を受験し、百十名中四番という成績《せいせき》で合格《ごうかく》しました。マツやモナシノウクはもちろんのこと、コタンの人びともこの知らせを大喜びしてくれました。

幸恵《ゆきえ》は、両親にあててはがきを書きました。

「たくさんお祝いしてちょうだいな！　新聞にも合格者《ごうかくしゃ》の名前が発表されることでしょう。『第四位で入学した知里《ちり》幸恵《ゆきえ》は旧《きゅう》土人《どじん》なり』って書いてありますから」

実際《じっさい》には、新聞にそんなことは書かれませんでした。しかし幸恵《ゆきえ》の胸《むね》には、「土人《どじん》」ということばがつねに重たい枷《かせ》となっていました。アイヌであってもここまでこられたというほこらしさ、うれしさの反面、これからの学校生活はけっして楽なものではないこと

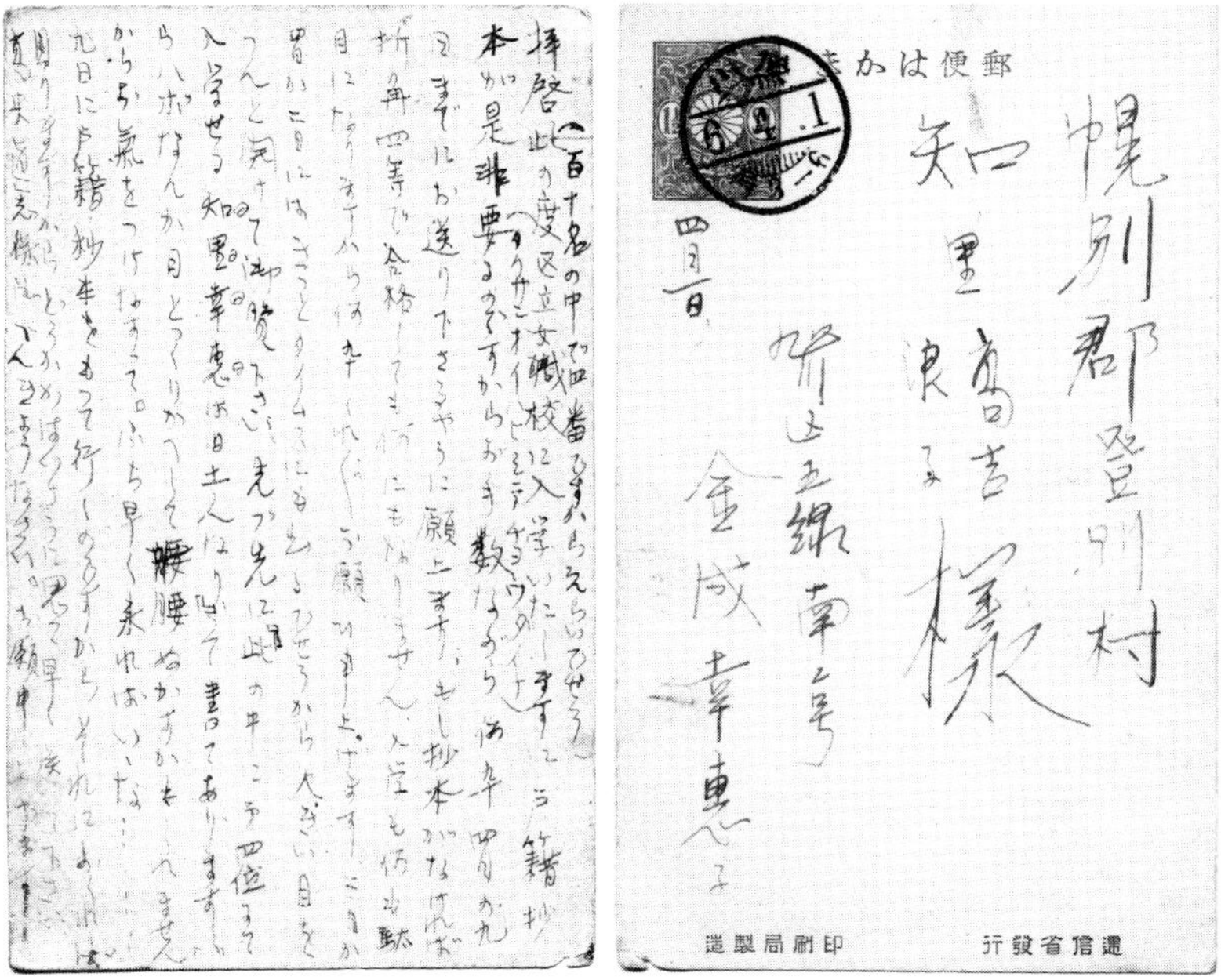

両親に送った、女子職業《しょくぎょう》学校に合格《ごうかく》したことなどを知らせるはがき。

を、幸恵《ゆきえ》はよくわかっていました。

入学式がすみ、新しい学校生活が始まりました。

「わたしの家は、ここから一里もあるの」

「うちはこの近くよ。遊びに来てね」

クラスの女の子たちがおしゃべりしている輪の中に、幸恵《ゆきえ》はおずおずと入っていきました。

お友だちになれる人、いるかしら――。

幸恵《ゆきえ》は、どきどきしながら口を開きました。

「わたしの家は――」

「知っているわ。近文《ちかぶみ》の土人《どじん》の教会でしょ。ヤソ教（キリスト教のこと）の」

ひとりの女の子がうす笑いをうかべていいました。すると、もうひとりがするどい声でいいました。

「ここは、あんたの来るところじゃないわよ」

まわりの女の子たちが目をそらし、くすくす笑います。

帰り道、幸恵《ゆきえ》のほほになみだがこぼれました。

ここも高等小学校と同じ。こんな人たちと、三年間もいっしょに過《す》ごすなんて。ああ、いや。もう行きたくない……。

職業学校《しょくぎょう》から伝道所までの六キロの道のりを、幸恵《ゆきえ》は早足で歩きました。春とはいえ、旭川《あさひかわ》の風は冷たく、なみだがひりひりとほほにしみてきます。

友だちなんていなくてもいいわ。勉強をがんばろう。マツおかあさんやフチ、ハポやミチのためにも。

さいわい先生方は、幸恵《ゆきえ》を差別することはなく、ほかの生徒と同じようにあつかってくれました。幸恵《ゆきえ》は熱心に勉強をし、学年で四番という成績《せいせき》で、二年生で副級長となっています。

実は一年生のときも、副級長にどうか、と先生から推薦《すいせん》されていたのですが、和人《わじん》の女の子たちからどんな目で見られるかを心配し、辞退《じたい》したのでした。

幸恵《ゆきえ》は、同級生たちのおしゃべりの輪にあまり加わることもなく、教室内でいつもひっそりと過《す》ごしていました。

それでも、一人、二人と話しかけてくる人も出てきました。

「幸恵《ゆきえ》さん、家が遠くてたいへんでしょう」

「ええ、そうなの。毎日毎日、家に帰るとくたくたで、教科書を開くこともできない日があるくらいよ」

小学校時代は皆勤賞《かいきんしょう》をもらった幸恵《ゆきえ》ですが、女学校への往復《おうふく》十二キロメートルの道のりはきついものでした。とりわけ旭川《あさひかわ》の冬の寒さは身にしみて、小柄《こがら》な体は冷え切り、つかれがたまっていくようでした。

「あら！　でもあなたはいつでも、すごくお勉強ができるじゃない？」

その同級生は、ぽんと幸恵《ゆきえ》の背中《せなか》をたたきました。

「だれもあなたをアイヌだなんて、思わないくらいよ。元気出して！」

学校の帰り、近文《ちかぶみ》への道を早足で歩きながら、幸恵《ゆきえ》の気持ちは重たくゆれました。

あの子が、はげましてくれているのはわかるわ。でも……。なにかちがう。

わたしは、和人《わじん》に見られたいのかしら？　アイヌに見られたくないから、勉強しているの？　いいえ、そんなことはない。わたしは、差別されたくないだけ。

こんな思い、和人《わじん》にはとうていわからないでしょうね。

幸恵《ゆきえ》は、青くかすむ山やまを遠くながめました。広大な上川《かみかわ》平野にある旭川《あさひかわ》の景色は、うっそうとした林、小さな家並《いえなみ》ばかり。

ああ、海が恋《こい》しい――。幸恵《ゆきえ》は、登別《のぼりべつ》の海、幼《おさな》なじみと遊んだ浜《はま》を胸《むね》にえがきました。

あのころは楽しかった。海はいつでも美しかった。晴れの日だけではなくて、雨の日も。しっとりとぬれた浜辺《はまべ》、灰青色《はいあおいろ》の波……。

教会に帰ると、伝道室に六歳《さい》年下の女の子、まっちゃんが待っていました。幸恵《ゆきえ》に勉強を教わるためにここへ通っていたのです。彼女《かのじょ》の家族はアイヌ語しか話していなかったので、日本語がわからず、学校ではいつもつらい思いをしていました。

「学校へ行くの、おもしろい？」

幸恵《ゆきえ》は彼女《かのじょ》に聞きました。

「うん！　幸恵《ゆきえ》ちゃんのおかげで、勉強、わかるようになってきたから」

「そう？　よかったわ」

「あのね、わたしも幸恵《ゆきえ》ちゃんみたいに、上の学校に行きたいな」

幸恵《ゆきえ》は、いっしゅん目をふせました。おさえきれない思いがわき上がってきます。

「そんなに勉強したいの？　でも、勉強なんて、教育なんて！」

まっちゃんがおどろいて幸恵《ゆきえ》を見上げました。

幸恵《ゆきえ》は、いつになくするどい口調《くちょう》になっていました。

「まっちゃん、差別されて肩身《かたみ》のせまい思いをして――それでも、上の学校へ行きたいの？」

幸恵《ゆきえ》は、まっちゃんから目をそらし、だれにいうともなくいい放ちました。

「勉強なんかしなくても、自由にはばたいたらいいのよ。強くなって！」

それは、幸恵《ゆきえ》が自分に向けて放ったことばでした。自由にはばたくことのできない自分へ、強くなれない自分への。

教会の小さな庭には、アヤメが咲《さ》いていました。幸恵《ゆきえ》とマツが手入れして咲《さ》かせた花でした。

花はいいなあ。土に根を張《は》り無心に咲《さ》き、こんなに強く美しいのだもの。

第七章　金田一《きんだいち》先生との出会い

一九一八年（大正七年）、幸恵《ゆきえ》が女学校二年生の夏休みのこと。彼女《かのじょ》の運命を大きく変えるできごとがありました。

それは、言語・国語学者の金田一京助《きんだいちきょうすけ》との出会いです。

八月のある晩《ばん》、出かけていた幸恵《ゆきえ》が教会に帰ってくると、見知らぬ男性《だんせい》が玄関《げんかん》に立っていて、マツがつえにすがったまま、びっくりした顔を向けています。

幸恵《ゆきえ》がだれかしら、と思いながらお客さまに会釈《えしゃく》をして、

「おかあさん、ただいま」

というと、マツは真っ赤になりました。

「幸恵《ゆきえ》ちゃん、今帰ってきたの？」

「ええ、そうよ？」

マツはますます赤くなり、

「あらあら、たいへん失礼いたしました。ちょうどこの娘《こ》がもどってくるころだったので、わたしのことをからかっていると思いちがいをいたしまして……」

と、その男性《だんせい》にしきりに頭を下げました。

その人が、金田一京助《きんだいちきょうすけ》先生でした。

一八八二年（明治十五年）に盛岡《もりおか》で生まれ、東京帝国《ていこく》大学言語学科を卒業し、言語の研究者として大きな功績《こうせき》を残しています。

金田一《きんだいち》先生は当時三十六歳《さい》で、アイヌのことばの研究のために東京から北海道へわたり、伝道協会から紹介《しょうかい》され、この伝道所にやってきたのでした。モナシノウクがユカラの名手であると聞いてのことでした。

先生は伝道所の玄関《げんかん》に立ち、先ほどから「ごめんください」と声をかけていたそうです。

「はい、はい」という返事が聞こえましたが、だれも出てきません。

「ごめんください」

「はい、はい」

「ごめんください」

「はい、はい」

先生は首をかしげ、軽くせきばらいをしてから、もう一度声をかけました。するとようやくマツが出てきた、そこへ幸恵《ゆきえ》が帰ってきたという場面だったのです。

「だってねえ、『ごめんください』といっているのは、幸恵《ゆきえ》ちゃんで、わたしをからかっているのだと思ったのよ」

「そんな！　失礼よ、おかあさん。立派《りっぱ》な殿方《とのがた》の声をわたしとまちがえるなんて」

「ほんとうに失礼しました。せきばらいのお声で、ようやく、幸恵《ゆきえ》ではないと気がつきまして」

マツが再《ふたた》び頭を下げると、

「いやあ、そういうことでしたか」

と、金田一《きんだいち》先生が、ゆかいそうな笑い声を上げました。その声を聞いて、幸恵《ゆきえ》も思わず笑ってしまいました。先生の声は、男性《だんせい》にしては高くてたいへんやさしいひびきをしていたのです。

マッツが先生を炉《ろ》ばたに案内し、うもれ火を火ばしでかき立てました。モナシノウクがランプの火を明るくし、お茶の用意をしました。

先ほどの笑い話のおかげで、先生も、マッツ、モナシノウク、幸恵《ゆきえ》の三人も、すっかり打ちとけ、初対面と思えないほど話がはずみました。

金田一《きんだいち》先生は、すでにアイヌ語の研究でも知られていました。先生は北海道やサハリン（樺太《からふと》）の地を歩きまわり、アイヌの人びとと親交を持ち、明治になって急速に消し去られていくアイヌのことばや文化を残そうとしていました。

「まったく、ユカラはすばらしいものです。あんなわくわくするおもしろい物語を、しかもすべて覚えてうたい語るなんて、見事ですよ」

先生が熱っぽく語ると、モナシノウク、マッツ、幸恵《ゆきえ》の三人は顔を見合わせました。和人《わじん》からそんなことばを聞いたのは、初めてのことでした。

「モナシノウクさんの語りは、たいへんすばらしい、と聞いていますよ。長いものでは、語るのにひと晩《ばん》中かかるものもあるのでしょう？　覚えるのに苦労しませんか？」

「覚えるのは、そう難《むずか》しいことではないねえ」

モナシノウクが、アイヌのことばでいうのを、マツが日本語で伝えます。

「あなた方の記憶力《きおくりょく》のいいことには、おどろかされます」

先生とモナシノウク、マツが話すのを、幸恵《ゆきえ》はだまって聞いていました。この先生は、これまで会った和人《わじん》とはぜんぜんちがうわ。

ユカラの話にときを忘《わす》れるうちに、ピイイ、という汽車の汽笛が聞こえてきました。時計を見ると、すでに真夜中近い時刻《じこく》です。

「おや！　もうこんな時間ですか。すっかり長居《ながい》いたしまして。失礼いたしましょう」

「でも、先生、今のが最終列車の汽笛ですよ」

幸恵《ゆきえ》がそう告げると、先生はひたいに手をあてていいました。

「おやおや！　これはしくじった。困《こま》りましたな」

マツとモナシノウクは顔を見合わせました。

「お泊《と》まりなさいませ」

マツがそういうと、モナシノウクがあいまいにうなずきながら、アイヌのことばでマツにささやきました。

「でも、朝餉《あさげ》になにをめし上がってもらう？」

マツもアイヌのことばで早口でいいました。

「困《こま》ったね。東京から来た学者先生に、さし上げるようなものがないわ」

三人の暮《く》らしは、ぎりぎりでした。幸恵《ゆきえ》の女学校の弁当《べんとう》は、ゆでたジャガイモだけ、という日がたびたびあり、幸恵《ゆきえ》は弁当箱《べんとうばこ》のふたでかくしながら食べていました。真冬に、炉《ろ》にくべる炭やたきぎに困《こま》ることもありました。

先生がほがらかにいいました。

「どうぞ、お気づかいなく。朝はジャガイモをゆでてください。わたしはジャガイモが好きで、よそでもよくそうしてもらうんですよ。北海道のジャガイモは、おいしいですからねえ」

幸恵《ゆきえ》たち三人は、目を見張《みは》りました。先生が、自分たちがいった早口のアイヌ語のないしょ話を聞き取っていたなんて！

マツが苦笑いをしながらいいました。

「それでは、そまつな部屋ですが、お泊《と》まりくださいませ」

奥《おく》のたたみの部屋に蚊帳《かや》をつり、ふとんをしいて、先生に休んでもらいました。

翌朝《よくあさ》、四人で大なべいっぱいの大きなジャガイモを囲みました。

先生が、ジャガイモの皮を指でつるりとむいてほおばりながら、いい出しました。

「みなさん、いつ蚊帳《かや》の中に入ってお休みになったんですか？　ぼくはすぐねむってしまい、ぜんぜん気がつきませんでしたよ」

幸恵《ゆきえ》たちは、もじもじしながら顔を見合わせました。先生は、炉《ろ》に小枝《こえだ》の燃えのこりがたくさん散らばっているのを見つけていいました。

「おや、これは……蚊《か》やり（蚊《か》よけ）でしょうか？　ずいぶん、たくさん燃やしたようですが」

幸恵《ゆきえ》たちは、ますますもじもじしながら、下を向いてしまいました。実は、ふとんをしける部屋はひと間だけ。蚊帳《かや》もひとつしかありません。幸恵《ゆきえ》たち三人は、炉《ろ》ばたにすわって、蚊《か》よけに松葉などを燃やしながら、夜を明かしていたのでした。

幸恵《ゆきえ》たちのようすから、先生はようやく事情《じじょう》を察し、ぎゅうっと目をつぶり、

「すまなかったなあ……」

とつぶやきました。そのはずみに、皮をむいたジャガイモが先生の指をすりぬけ、炉《ろ》の灰《はい》の中に転がりました。

「あっ！」

先生の、なんとも情《なさ》けなさそうな顔。けれども、幸恵《ゆきえ》ははっと気がつきました。先生の目になみだがたまっています。

なんてやさしい方でしょう――。

「先生がおいもを転がして、べそかきなすった」

幸恵《ゆきえ》は、とっさにそういって笑い声を立てました。先生も目をこすりながら笑い、マツもモナシノウクも笑いました。まぶしい夏の朝でした。

先生が、幸恵《ゆきえ》にたずねました。

「学校はどうです？　楽しいですか？」

「はい、先生方が、たいへん親切にしてくださいますので……」

幸恵《ゆきえ》は、級友たちとは距離《きょり》を置いていました。おしゃべりの輪に入り、話を合わせてう

第七章　金田一《きんだいち》先生との出会い

なずきはしても、心の底から笑うことはありません。話の中心になることもありません。

「アイヌのくせに」という目線を、いつでも意識せずにはいられない毎日でした。

けれども、先生方から差別されることはありませんでした。熱心に勉強する幸恵《ゆきえ》を、親身にはげましてくれる先生もいました。

「この子は、学校の成績《せいせき》も優秀《ゆうしゅう》なんでございますよ」

マツがそういいながら、いそいそと幸恵《ゆきえ》の成績表《せいせきひょう》を出してきました。

幸恵《ゆきえ》は、真っ赤になりました。

「いやだわ、おかあさんたら、そんなものを！」

先生は、ていねいに成績表《せいせきひょう》を開き、「ほうっ」と声を上げました。

「どの教科も優秀《ゆうしゅう》ですね。特に、国語が得意なんですね。作文などは、最高点だ」

先生は、次に幸恵《ゆきえ》の作文に目を走らせ、「ふーむ」とうなりました。

「これはすばらしい。流麗《りゅうれい》で美しい日本語だ。ひとつもひっかかるところがない。日本語をここまできちんと使われるなら、幸恵《ゆきえ》さんは、アイヌ語はさすがに話せないのでしょうね」

マツが笑っていいました。

「いえいえ。幸恵《ゆきえ》はおばあちゃん子なので、小さいころからフチのアイヌのことばで育ったのですよ。フチのまねをして、ユカㇻを語るくらいですよ」

先生は、しばらくだまってなにごとか考えていましたが、やがてぽつりといいました。

「こんな優秀《ゆうしゅう》な娘《むすめ》さんなのだから、東京で勉強させてあげたいものだなあ……」

幸恵《ゆきえ》はうつむいたまま、目をかがやかせました。東京で勉強だなんて、そんな話は夢《ゆめ》としか思えませんが、そういってもらえただけで、胸《むね》がいっぱいになりました。

やがて、汽車の時間がせまってきました。

「いやいや、すっかりお世話になりました。ゆかいで貴重《きちょう》な夜を過《す》ごしました」

先生がていねいに頭を下げました。

幸恵《ゆきえ》は思い切って聞いてみました。

「先生は、ユカㇻのために、こんな遠くまでいらしてご苦労なさってますが、わたしたちアイヌのユカㇻに、それほどの価値《かち》があるのでしょうか」

先生は幸恵《ゆきえ》の目をまっすぐ見ていいました。

「もちろんですとも！　ユカラは、雄大《ゆうだい》な叙事詩《じょじし》であり、世界にほこれるすぐれた伝承文《でんしょう》学です。あなたたち祖先《そせん》の生活や思いがつまった宝物《たからもの》です。今の世まで、とぎれずに伝えられてきたというのは、すばらしいことです。しかし、今これを記録していかないと、消え去ってしまうでしょう。必ず残さなくてはなりません。それがわたしの望んだ道なんですよ」

幸恵《ゆきえ》は目を見張《みは》りました。そんなことばを聞いたのは、生まれて初めてでした。しかも、和人《わじん》である学者の先生から！

「先生、アイヌのユカラは、値打《ねう》ちのある、すばらしいものなんですね。アイヌは……アイヌに生まれたことは、はずかしいことではないんですね」

幸恵《ゆきえ》はひとみをうるませました。

「もちろんですよ！　アイヌには立派《りっぱ》な文化がある。幸恵《ゆきえ》さん、しっかり勉強してください。そのうち、わたしは幸恵《ゆきえ》さんにアイヌ語を教えてもらいにきますから」

金田一《きんだいち》先生は、そういい残して近文《ちかぶみ》の駅へと去っていきました。幸恵《ゆきえ》は、後ろ姿《すがた》をいつまでも見送っていました。

第八章　金田一《きんだいち》先生のノート

一九二〇年（大正九年）五月。

幸恵《ゆきえ》は、伝道室の窓《まど》から、ぼんやりと雲の流れを追っていました。空は青く、風があまい花の香りを運んできます。畑のあぜ道には白いスミレが清楚《せいそ》な姿《すがた》で並《なら》んでいます。

けれども、幸恵《ゆきえ》の心はしずんでいました。この三月に十七歳《さい》で女学校を卒業したものの、体調の悪い日が続いていたのです。

女学校三年生の秋から、かぜをこじらせ、熱が出てせきが止まらず、寝《ね》こむ日が何日もありました。小学校時代は皆勤賞《かいきんしょう》をもらっていたのに、この秋冬は学校を休むことがたびたびでした。旭川《あさひかわ》の氷点下の寒さに加え、女学校への片道《かたみち》六キロの道のりが、幸恵《ゆきえ》の体力をうばっていたのかもしれません。

卒業後、二年ぶりに登別《のぼりべつ》の実家に帰省しましたが、そのあいだもほとんど声が出せず、両親や弟たち、祖母《そぼ》にもひどく心配をかけていました。

旭川《あさひかわ》へもどってから、医者によく調べてもらうと、慢性気管支《まんせいきかんし》カタルということでした。しばらくすると、気候がよくなってきたせいか、ようやくせきがおさまり、顔色もよくなってきました。

けれども、そのときに医者に告げられたことが、幸恵《ゆきえ》の胸《むね》に、暗いかげを落としていました。

心臓《しんぞう》に欠陥《けっかん》があるというのです。心臓《しんぞう》が強くはないということは、以前にも別の医者から聞かされていました。今回、くわしく診《み》てもらうと、「先天的なもので治す手立てはない」、「たちの悪いほうではあるが、無理をしなければ心配ない」という診断《しんだん》がくだされたのでした。

治ることはない……けれども、心配はない？　自分の体ながら、よくわかりません。

無理をしないように、といわれても、家の中でじっとしているわけにはいきません。マツは足が不自由ですし、モナシノウクはもう高齢《こうれい》で、しかもこのあいだまで大きな病気で寝《ね》こんでいました。

学校を卒業した今、幸恵《ゆきえ》が二人にかわって、三度の食事から伝道所の運営《うんえい》まで、これまで以上に立ちはたらかなくてはなりません。

そんな日々《ひび》の中で幸恵《ゆきえ》は、ときどき金田一京助《きんだいちきょうすけ》先生からのはがきを取り出して、ながめました。

はがきは、東京の風景の絵はがきだったり年賀状《ねんがじょう》だったり、文章も短いものでしたが、幸恵《ゆきえ》はこれを見るたびに、先生のおだやかな、それでいて熱のこもった声を思い出しました。

この三月、幸恵《ゆきえ》が自分がここ何か月も病気がちだったことを知らせると、先生はおどろき、「卒業ですから、東京へ出てわが家にお泊《と》まりなさいと、手紙を書こうとしていたのですよ。お大事になさい」という返事をくれました。

あの話は夢《ゆめ》ではなかったのだわ。ああ、東京で勉強だなんて！

幸恵《ゆきえ》は、春風を胸《むね》いっぱいにすいこみました。そのとたん、激《はげ》しくせきこんでしまいました。

ああ、これでは東京行きなんて、とても無理だわ。わたしはこれから、どうしたらいいかしら。わたしになにができるのかしら。

わたしはなぜ、ここにいるのだろう……。

この問いかけは、ときおり胸《むね》にうかぶものでした。

幸恵《ゆきえ》は、この旭川《あさひかわ》へ来る前の、幼《おさな》いころを思い起こしました。

高吉《たかきち》は、過失《かしつ》による事件《じけん》を起こしていました。牧場の見回りをしていたときに、クマが出たと見まちがえて、和人《わじん》へ発砲《はっぽう》しけがを負わせた、というものでした。被害者《ひがいしゃ》は、牧場の共同経営者《けいえいしゃ》で、翌年《よくとし》亡《な》くなっています。

その傷《きず》がもとで亡《な》くなったのかどうかははっきりしませんが、知里家《ちりけ》では心をつくしてつぐない、何年にもわたって生活費をわたしていました。

幸恵《ゆきえ》も、うっすらと覚えがありました。幼《おさな》いころ、家の中がざわざわして、ナミが泣いていたり、祖母《そぼ》がおこっていたり、高吉《たかきち》が帰ってこなかったり、落ち着かない時期があったようです。

幸恵《ゆきえ》がマツのもとによこされたのは、その四年後のことでした。それはマツがかねてからナミと高吉《たかきち》に、子どもをひとり、自分に育てさせてほしいとたのんでいたからでした。弟たちはまだ小さかったこともあり、おとなしくて聞きわけのいい幸恵《ゆきえ》が、マツのところへ行くのが、いちばん無理がなかったのでしょう。当時は、こうして親戚《しんせき》にあずけられたり、養子になったりすることは、めずらしくありませんでした。

けれども、もしかしたら、事件《じけん》の被害者《ひがいしゃ》家族へ何年も生活費をはらい続けることにより、子どもを三人育てる経済的《けいざいてき》なゆとりをなくしていたのかもしれません。もともと知里《ちり》家《け》はお金によゆうがあったわけではなく、ほかのアイヌの家と同様、暮《く》らし向きはぎりぎりでした。

幼《おさな》いころには知らずにいましたが、その後少しずつ耳に入ってきたことをつなぎ合わせると、そんなおとなの事情《じじょう》が見えてきたのでした。

幸恵《ゆきえ》は、だれに確《たし》かめることもできないまま、ほろ苦い思いをかかえるようになっていました。

わたしのほんとうの居場所《いばしょ》は、どこにあるのだろう。

六月のある日、東京から幸恵《ゆきえ》あてに、小さな包みが届《とど》きました。

金田一《きんだいち》先生からでした。厚《あつ》いノートが入っています。

「このノートを〈アイヌ語雑記帳《ざっきちょう》〉として、アイヌ語をお書きつけなさい。後世の学者への置きみやげとして――」

幸恵《ゆきえ》は、はらりとノートを開いてみました。新しい本と同じ、わくわくするようなにおいがします。

わたしが、アイヌのことばを書きのこす――？

幸恵《ゆきえ》の胸《むね》が高鳴りました。

アイヌであるわたしが、わたしたちの文化を、和人《わじん》のことばで書きとめる？

それは、アイヌの人びとがだれひとり、試みていないことです。

わたしがそれをやる――？　そうだわ、わたしが今ここでやれることは、これだわ！

先生がいわれるように、後世の学者への置きみやげにするなんて、大それたことは考えられないけれど。でも、ユカㇻやウウェペケㇾが、わたしたちアイヌとともに、消えていってしまうとしたら、こんなつらいことはないもの。フチが元気なうちに、たくさん聞かせてもらい、書きつけましょう。

そう思ったものの、幸恵《ゆきえ》はためらいました。金田一《きんだいち》先生は、アイヌ語を記録するのはローマ字で、と書いてきたのです。

アイヌのことばは日本語で、たとえばカタカナで書こうとしても、発音のちがいから正確《せいかく》には書き取れません。ローマ字の表記のほうが、音を正しく書きうつせることを、幸恵《ゆきえ》は金田一《きんだいち》先生から聞いていました。

ローマ字は、マツとナミが書くのを見ていたので、読むことができました。しかし、書き方は覚えていません。

苦い思い出もありました。女学校三年生の終わりごろ、休み時間に、なにげなくノートにローマ字を書いてみたことがありました。おしゃべりする相手のない幸恵《ゆきえ》は、そうやって休み時間をひとりで過《す》ごすことが多かったのです。

すると、ひそひそ声が、背中《せなか》のほうから聞こえてきました。

「気取っちゃって。アイヌの娘《むすめ》が英語なんか書いているわ！」

そのときのくやしさは、今も胸《むね》にとどまっています。

幸恵《ゆきえ》は、卒業後に会っておしゃべりできるような友人を、ついにつくることはできませんでした。でも、女学校の先生方は、幸恵《ゆきえ》にいつもやさしくしてくれました。手紙をくれた先生もいました。そこには「人間は、神さまにあたえられた才能《さいのう》のすべてを発揮《はっき》することが大事です」と書いてありました。

そうね、わたしに才能《さいのう》があるのかどうか、わからない。けれども、やってみなくては。この白いノートに、アイヌのことばを刻《きざ》みつけよう。それがわたしたちアイヌにとってのひとすじの希望となるのなら。

なにから書きとめようかしら。ウウェペケレ？　ユカラ？　まずその前に、ローマ字の練習をしなくてはね！

医者通いが続いていた幸恵《ゆきえ》ですが、ノートを開く指先から、力がわいてくるようでした。

「幸恵《ゆきえ》や、今日はなにが聞きたい？」

ささやかな夕飯がすむと、炉《ろ》ばたではモナシノウクのユカラの時間です。コタンの人びとも集まってきます。

「ウウェペケレの『ペナンペ　ネワ　パナンペ』がいいな」

「そう、それでは……」

「川上の人と川下の人」という物語が、モナシノウクの口からすらすらと出てきました。

幸恵《ゆきえ》は、覚えたてのローマ字で、大急ぎで書きうつしていきました。

Penampe《ペナンペ》 an《アン》 Panampe《パナンペ》 an《アン》. Shinean《シネアン》 to《ト》 ta《タ》
Panampe《パナンペ》 pish《ピシ》 ta《タ》 san《サン》 wa《ワ》……
《ペナンペとパナンペとがおりました。ある日に
パナンペが浜辺《はまべ》に出て……》[*6]

機転がきくパナンペと、少々《しょうしょう》考えの足りないペナンペの、こっけいな話です（地方によっては、パナンペとペナンペが入れかわることもあります）。

こうして夏が過《す》ぎていきました。

幸恵《ゆきえ》の聞き書きは、なかなか進みませんでした。自分自身の体調がなかなか完全にはよくならず、それに加えて、かんじんのモナシノウクが重い病気になり、寝《ね》ついてしまった

のです。モナシノウクはもう七十二歳《さい》になっていました。しかも、マツまでリュウマチにかかり、床《とこ》をはなれることができません。

幸恵《ゆきえ》は、二人の世話や教会の用事で、好きな本をゆっくり読むひまもありませんでした。モナシノウクとマツの看病《かんびょう》づかれから、せきの発作《ほっさ》がぶり返したり熱を出したりしたこともありました。

それでも夏を過《す》ぎるころには、モナシノウクもマツも元気を取りもどし、幸恵《ゆきえ》の体調もよくなってきました。

幸恵《ゆきえ》はローマ字に慣《な》れ、ノートはようやくアイヌのことばでうまっていきました。

ローマ字って、ほんとうに便利だわ。日本語の文字では表現《ひょうげん》できない、微妙《びみょう》な発音をあらわすことができるもの。

しかし、書きすすめるにつれて、わからないことも出てきました。それは、日本語との発音のちがいによるものです。日本語は語尾《ごび》が母音《ぼいん》（あ・い・う・え・お）で終わるのに対し、アイヌのことばの語尾《ごび》はそれ以外で終わることが多いのです。

たとえば、日本語の書き方では、「ユカラ」はカタカナで語尾《ごび》を「ラ」と書き、「ウウェペケレ」は「レ」です。けれども、実際《じっさい》のアイヌのことばでは、「ラ（ra）」や「レ（re）」というはっきりとした音ではありません。「r」のみの、微妙《びみょう》な発音です。ローマ字なら、「r」で終わる表記ができるのだから、「yukar」「uwepeker」と書いたほうがいいのではないかしら。けれども、金田一《きんだいち》先生だって「yukara」「uwepekere」と書いているし――？

考えあぐねた幸恵《ゆきえ》は、先生にはがきを出してたずねてみました。

先生からの返事には、「あなたの表記法に、すっかり感服しました。わたしはこれまでの表記法をそのまま使ってしまっていました。幸恵《ゆきえ》さんの書き方は、世界のどこへ出してもいい、正しい表記法です」と書いてありました。

大学で研究をしている先生が、わたしの書き方をこんなにほめてくれるなんて。幸恵《ゆきえ》の胸《むね》が、ほっかりと温かくなりました。先生と生徒という関係というより、まるで研究者どうしのよう。

一九二一年（大正十年）の春、幸恵《ゆきえ》のノートは、三編《ぺん》のウウェペケレと八編《ぺん》のカムイユカラ、それに早口ことばやウポポ（すわり歌）の歌詞《かし》などでうまりました。訳文《やくぶん》は、子どもでもわかるように、できるだけやさしいことばを連ねました。

幸恵《ゆきえ》は、どきどきしながら、このノートを金田一《きんだいち》先生に送りました。

先生から、すぐにはがきが届《とど》きました。そこには「あまりに立派《りっぱ》なできで、なみだがこぼれるほど」と記してありました。

「サルコップ！　エトリンネ！　聞いてちょうだい。わたしの訳《やく》、金田一《きんだいち》先生がほめてくれたのよ！」

二ひきの飼《か》いネコをかわるがわる抱《だ》きあげ、幸恵《ゆきえ》は晴れやかに笑いました。

「たいへんたいへん！　わたしが書いたものを、本にしてくださるんですって！」

幸恵《ゆきえ》は、金田一《きんだいち》先生からのはがきを手に、マツにかけ寄《よ》りました。ネコたちにえさをあげていたモナシノウクも、手を止めてやってきました。

同じ年の九月のことです。幸恵《ゆきえ》は十八歳《さい》になっていました。

金田一《きんだいち》先生に送ったノートは、すでに三冊《さつ》となっていました。それを読んで、アイヌのことばの聞き書きの正確《せいかく》さと、訳文《やくぶん》の的確《てきかく》さと美しさにおどろいた先生が、『炉辺叢書《ろへんそうしょ》』

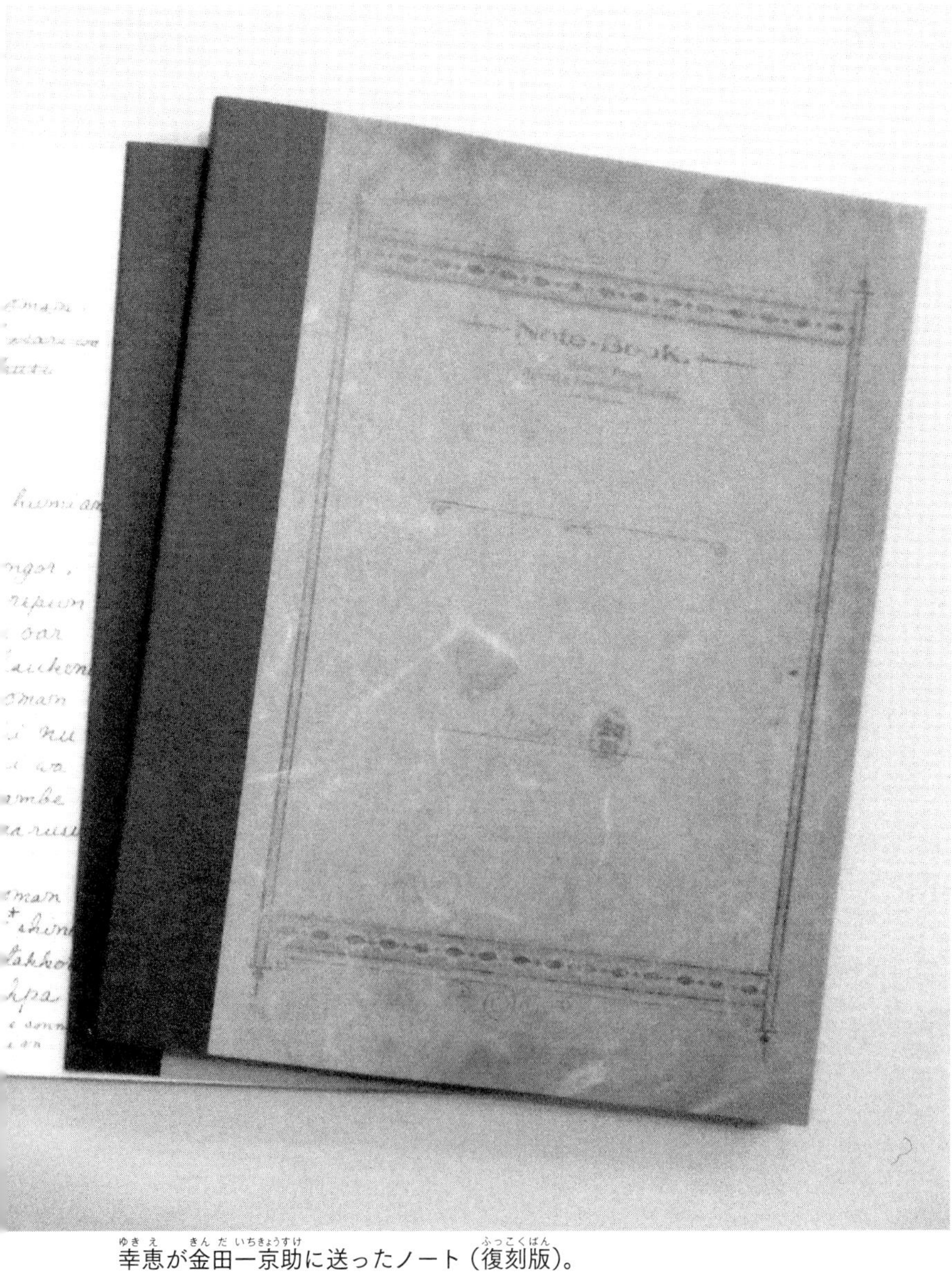

幸恵《ゆきえ》が金田一京助《きんだいちきょうすけ》に送ったノート（復刻版《ふっこくばん》）。

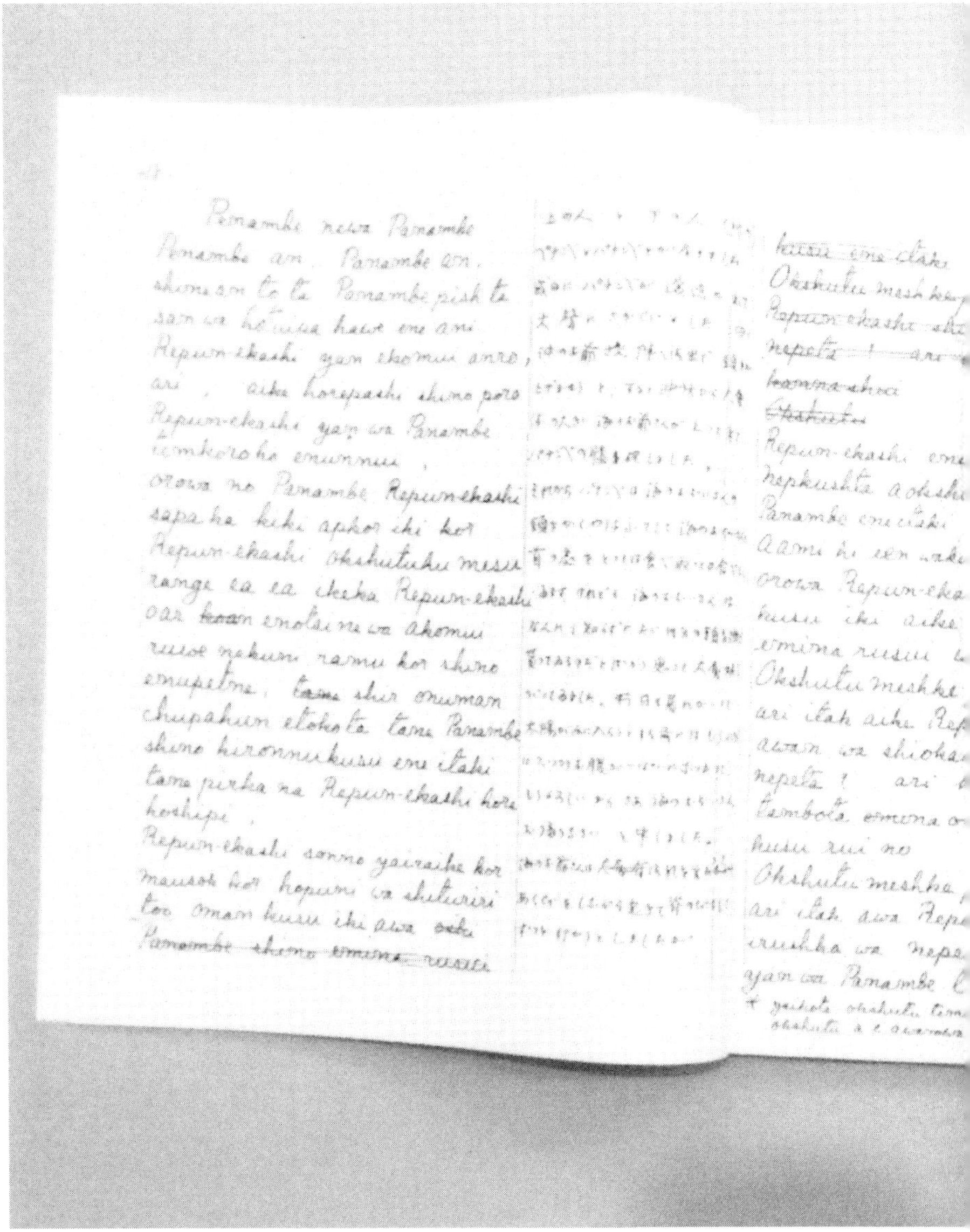

の一冊《さつ》に加えよう、といい出したのです。

『炉辺叢書《ろへんそうしょ》』は、民俗《みんぞく》学者の柳田國男《やなぎたくにお》博士の呼《よ》びかけで、地方の民俗《みんぞく》研究の発表を目的につくられた本のシリーズです。

「どうしましょう、おかあさん、フチ。わたしなんかが書いたものが、本になっていいのかしら？」

マツは幸恵《ゆきえ》の小さな肩《かた》をたたいていいました。

「だいじょうぶよ、幸恵《ゆきえ》。幸恵《ゆきえ》ならきっとできる。金田一《きんだいち》先生を信じましょう。これも神さまのお導《みちび》きよ」

モナシノウクもアイヌのことばでいいました。

「幸恵《ゆきえ》の書いたものは、きっとみんな好きになってくれる。和人《わじん》であっても」

その後金田一《きんだいち》先生は、「柳田《やなぎた》博士との話し合いで、『炉辺叢書《ろへんそうしょ》』に加えるのは二冊《さつ》となりました」と知らせてきました。

一冊目《さつめ》は『アイヌ神謡集《しんようしゅう》』、二冊目《さつめ》は『アイヌ俚談集《りだんしゅう》』。俚談《りだん》は、里（一般《いっぱん》民間）で伝えられた話、という意味です。

神謡《しんよう》――カムイユカラ。

ああ！　どのお話を選んだらいいかしら。

アイヌの神さまは、山野《さんや》にもコタンにも、いたるところにいて、人びとを守ってくれている。フクロウもキツネもクマも、神さまであり、地上に降《お》りたときにけものや鳥の姿《すがた》になる、と教えられているわ。人間が礼儀《れいぎ》をつくして矢や槍《やり》を放てば、神さまはその体を、わたしたちが生きるための糧《かて》としてあたえてくださる――。

そういう自然に対する見方というのは、和人《わじん》とはまるでちがっているわ。このおもしろさを、和人《わじん》にわかってもらえるかしら――。

幸恵《ゆきえ》は、えんぴつを持つ手を止め、窓《まど》から秋の青空を見上げました。どこからか、鳥の大きなはばたきが聞こえます。

心配するのはやめましょう。おかあさんがいうとおり、先生を信じましょう。

そうだわ、まず神謡集《しんようしゅう》には、「フクロウの神の自ら歌った謡《うた》」を入れましょう。位が高く、コタンの守り神であるシマフクロウの物語。あの美しい、「サケへ」（折り返し＝くり返し出てくる詩句）が連なる物語を。

Shirokanipe《シロカニペ》 ranran《ランラン》 pishkan《ピシカン》,
konkanipe《コンカニペ》 ranran《ランラン》 pishkan《ピシカン》

このサケへは、シマフクロウの神さまが、コタンの上空を飛んでいるようすです。情景《じょうけい》が変わるごとにくり返し語られ、物語全体をいろどっています。

Shirokanipe《シロカニペ》は銀色の水、konkanipe《コンカニペ》は金色の水、ran《ラン》は下りるとか降《ふ》るという意味、pishkan《ピシカン》はその周辺というような意味だけれど、日本語にするとしたら――。

あたりに　降《ふ》る降《ふ》る　銀の水
あたりに　降《ふ》る降《ふ》る　金の水

こういう訳文《やくぶん》でいいかしら。

それにしても、なんて幻想的《げんそうてき》な景色でしょう。アイヌのことばのひびきが、なんてきれいなのでしょう。

幸恵《ゆきえ》は、語りつがれみがきこまれたことばの連なりに、うっとりと思いをめぐらしました。何百年、いいえ、もしかしたら何千年ものあいだ、わたしの先祖《せんぞ》が歌い語ってきたユカㇻだもの。先祖《せんぞ》の息吹《いぶき》が宿っているんだわ。

幸恵《ゆきえ》は、一心にえんぴつを動かしていきました。

金田一《きんだいち》先生と幸恵《ゆきえ》とのあいだで、何度もはがきが行きかいました。幸恵《ゆきえ》から、こまごまとした質問が。それに対しての先生の感想や、助言が。

『アイヌ神謡集《しんようしゅう》』は、掲載《けいさい》するカムイユカㇻが決まり、全体像《ぜんたいぞう》があらわれてきました。美しいフクロウ神の話、キツネやカエルやカワウソの神のこっけいな話、魔神《まじん》をやっつける勇者オキキリムイの話。

選びぬいた、さまざまな味わいの物語でした。

第九章　曾太郎《そうたろう》への思い

短い秋が終わり、旭川《あさひかわ》に氷点下の寒さがやってきました。

けれども、幸恵《ゆきえ》の心ははずんでいました。それはもちろん、『アイヌ神謡集《しんようしゅう》』の出版《しゅっぱん》に向けて、訳《やく》が進んでいるためです。

けれどももうひとつ、幸恵《ゆきえ》のささやかな毎日に、大きな変化をもたらしたことがありました。

それは、村井曾太郎《むらいそうたろう》との出会いでした。

曾太郎《そうたろう》は、旭川《あさひかわ》の北の名寄《なよろ》に住むアイヌの青年で、幸恵《ゆきえ》より二歳《さい》年上、きりりとしたまゆの大柄《おおがら》な青年です。彼《かれ》は、一九一九年（大正八年）に軍隊に入隊、旭川《あさひかわ》の部隊で訓練を積んでいました。

曾太郎《そうたろう》の母は、もともとマツとナミ姉妹の友人でした。そこで彼《かれ》は、休日にマツの教会へ遊びにきて、幸恵《ゆきえ》と知り合ったのです。

そのころ幸恵《ゆきえ》は、教会の日曜学校で、自分が学ぶと同時に、コタンの若《わか》い人たちにローマ字を教えていました。やがて曾太郎《そうたろう》もその仲間に加わるようになりました。

伝道所には、若《わか》い人たちの明るい笑い声がひびくようになりました。

「おや、この戸はうまく動きませんね。直しましょう」

曾太郎《そうたろう》は、女三人だけの住まいを気づかい、こわれた戸やたなの修理をしてくれることもありました。

背が高くがっしりした曾太郎《そうたろう》にかかると、修理はあっというまです。あせをふいておいしそうに水を飲む曾太郎《そうたろう》を、幸恵《ゆきえ》はほほをそめながら見つめました。

やがて、幸恵《ゆきえ》と曾太郎《そうたろう》は愛のことばを口にするようになりました。

曾太郎《そうたろう》の母が名寄《なよろ》から旭川《あさひかわ》の軍隊の宿舎《しゅくしゃ》に面会に来て、曾太郎《そうたろう》といっしょに伝道所にやってきたこともあります。

目と目をかわし、話に花を咲《さ》かせる若《わか》い二人を、曾太郎《そうたろう》の母も、マツ、モナシノウクもほほえんで見守っていました。

一九二一年（大正十年）春、曾太郎《そうたろう》は除隊《じょたい》して実家にもどりましたが、名寄《なよろ》から近文《ちかぶみ》まで幸恵に会いに来るようになりました。

二人が結婚《けっこん》を考えるようになるまでに、それほどの時間はかかりませんでした。

翌年《よくとし》の正月には、幸恵《ゆきえ》とモナシノウクは名寄《なよろ》の家に招《まね》かれ、曾太郎《そうたろう》の家族と過《す》ごしました。曾太郎《そうたろう》の家族は、温かくもてなしてくれ、モナシノウクも楽しそうでした。

母・ナミが旭川《あさひかわ》にやってきたのは、その直後のことでした。久《ひさ》しぶりに会ったというのに、ナミは、険《けわ》しい表情《ひょうじょう》をうかべたままでした。

「これはね、幸恵《ゆきえ》のことをよくよく考えてのことなの」

ナミのことばを、幸恵《ゆきえ》は、台所の冷たい板の間にすわったまま、うなだれて聞いていました。

「村井《むらい》さんとの結婚《けっこん》はやめなさい」

「そんな――。ナミ、曾太郎《そうたろう》さんはとてもいい人よ」

マツがそうとりなすと、モナシノウクも深くうなずきました。

曾太郎《そうたろう》（中央）と、マツ（左）とナミ（右）ら。※撮影《さつえい》は1927年（昭和2年）。

「いい青年だということは、わかっていますよ。わたしが心配しているのは、村《むら》井《い》さんの家が農家だということなの」

幸恵《ゆきえ》の生家は、牧場経営《けいえい》と農業で生計を立てていて、高吉《たかきち》が牧場の仕事を、ナミが畑仕事をしていましたが、暮《く》らしは楽ではありません。ナミは、それこそ夜明け前から真っ暗になるまで畑に出ていました。イカの加工場などで働いて収入《しゅうにゅう》を得ることもありました。

それに、高吉《たかきち》の母、加之《かし》とナミとは、いわゆる嫁《よめ》・姑《しゅうとめ》の仲が悪く、ナミの気苦労は絶《た》えませんでした。

ナミは、長年の厳《きび》しい畑仕事で荒《あ》れ、

節《ふし》くれだった自分の手に目を落としながらいいました。

「幸恵《ゆきえ》は、体がじょうぶではないでしょう。農家にとつぐと、具合が悪くても寝《ね》こむこともできないのよ。それを考えると、わたしはどうしても、村井《むらい》さんは賛成《さんせい》できないの」

幸恵《ゆきえ》はうつむいたまま、ほろほろとなみだを落としました。

マツも目をうるませ、いいました。

「ナミ、あなたのいうことはわかるけれど、幸恵《ゆきえ》の気持ちも考えてあげてちょうだい」

しかし、ナミはきっぱりといいました。

「いっときの思いで、一生苦労することになるかもしれないのよ。わたしは、幸恵《ゆきえ》が心配でならないの。わたしは幸恵《ゆきえ》の母親なんですからね！」

幸恵《ゆきえ》はなみだでくもった目をそっと、マツに向けました。マツが手をにぎりしめ、くちびるをかみしめています。

幸恵《ゆきえ》が登別《のぼりべつ》の生家にいた年月よりも、マツとモナシノウクとともに暮《く》らした年月のほうが、すでに長くなっています。そのあいだ、マツが母親として、細やかな愛情《あいじょう》を注いで育ててくれたことを、幸恵《ゆきえ》はじゅうぶん感じとっていました。

マツおかあさんだって、母親なのに――。

マツもモナシノウクも、それ以上なにもいいませんでした。だまってお茶をすする音だけがひびきました。

幸恵《ゆきえ》は曾太郎《そうたろう》に、母親に反対されたことを手紙で告げました。

「わたしは体が弱く、農家の仕事や、嫁《よめ》として舅《しゅうと》や姑《しゅうとめ》に仕えることが、満足にできないかもしれません。それを、母は心配しているのです」と。

曾太郎《そうたろう》の返事は、おおらかであっさりしたものでした。

「そんなこと、なんの心配もいりませんよ！　ぼくがついていますから。安心して嫁《よめ》に来てください」

けれども、幸恵《ゆきえ》の心はゆれ動くばかりでした。

窓《まど》の外は、降《ふ》りしきる雪。ネコのエトリンネが炉《ろ》ばたからやってきて、幸恵《ゆきえ》のひざにとび乗りました。

エトリンネ、わたしはどうしたらいいのかしら。

わたしの居場所《いばしょ》はどこにあるのだろう。この伝道所？　登別《のぼりべつ》の家？　……いいえ。やっぱりわたしは曾太郎《そうたろう》さんのそばにいたい。

でも、それでは親にそむくことになる。ハポのいうことは、まちがってはいないし、なによりわたしにも自信がない……。

「幸恵《ゆきえ》、そこにエトリンネ、いる？」

マツが声をかけてきました。

「あ、はい、ここにいるわ」

「ああ、よかった。この天気の中、外へ出たかと思ったわ」

マツがつえをつきながらやってきました。

「幸恵《ゆきえ》。あのね――名寄《なよろ》に行きなさい。曾太郎《そうたろう》さんのもとへ」

幸恵《ゆきえ》は、おどろいてマツの顔を見上げました。

「幸恵《ゆきえ》は、がまん強い子。わがままもいわず、伝道所を手伝いながら、学校であれだけ優《ゆう》秀《しゅう》な成績《せいせき》をとってきたわ。和人《わじん》ばかりの中で、それがどれだけたいへんなことか。そして、幸恵《ゆきえ》のおかげで、ここに若《わか》い人がたくさん来てくれている。

それは、わたしも、フチもわかっている。神さまだって、ちゃんと見ていらっしゃるわ。

幸恵《ゆきえ》はいつでもせいいっぱい、やってきたわよね。だから、今度ばかりはがまんしなくていいの。望みを果たしなさい。幸恵《ゆきえ》。わたしの娘《むすめ》。あなたは、思うように生きなさいな。心のままに」

いつのまにかモナシノウクもやってきて、幸恵《ゆきえ》の背《せ》をなでながらアイヌのことばでいいました。

「クコロ　ユキエ。クオマプ　クミッポホ

ピリカ　シクプ　ラッチ　シクプ　エキ　ナンコンナ」

――わたしの幸恵《ゆきえ》、わたしのかわいい孫娘《まごむすめ》。

幸せになりなさい。

幸恵《ゆきえ》と曾太郎《そうたろう》は、婚約《こんやく》しました。登別《のぼりべつ》の両親へは、マツが知らせましたが、ナミはなにもいってきませんでした。

おこっているのでしょうね。ごめんなさい、ハポ、ミチ。

幸恵《ゆきえ》は、胸《むね》の中で両親に手を合わせました。

結婚《けっこん》する前に、幸恵《ゆきえ》にはどうしてもやりとげなくてはならないことがありました。『アイヌ神謡集《しんようしゅう》』を、書き上げることです。結婚《けっこん》して名寄《なよろ》の曾太郎《そうたろう》の家に入ってしまったら、ユカラやウウェペケレを訳《やく》す時間なんて、あまりつくれないかもしれません。

金田一《きんだいち》先生は、四月末までに書き上げてほしい、とおっしゃっている。でも、書き上げる前に、一度お目にかけてご意見をうかがいたいわ。

幸恵《ゆきえ》は、えんぴつを持つ指を息で暖《あたた》めながら、訳文《やくぶん》を見直していきました。

この文章で、ほんとうにいいのかしら。先生はいつも、びっくりするくらいに、ほめてくださるけれど。それは、先生がおやさしいからかもしれないし――。

アイヌの大切な物語だもの、わたしのつたない文章で、読む人がご本を放り出すようなことになったら、たいへんだわ。

それにしても、どんな体裁《ていさい》のご本になるのかしら？　ああ、すぐ近くに先生がいてくださったらいいのに。

幸恵《ゆきえ》と先生とのあいだでは、何度となくはがきが往復《おうふく》していましたが、郵便《ゆうびん》ではもどかしくてたまりません。

東京へ行ってみようかしら――。

先生からは、これまで何回も「東京へいらっしゃい、わが家に滞在《たいざい》して勉強なさい」とさそわれていました。そのつど、自分が病身であったり、モナシノウクやマツが重い病気で寝《ね》ついていたりでした。自分が東京の地をふむことはないのだろうと、半分あきらめていたのです。

でも、今なら、行けるわ。わたしもフチもおかあさんも、元気ですもの。それに、今は真志保《ましほ》もいる。この時期をのがすと、二度と機会がやってこないかもしれない。

下の弟の真志保《ましほ》はこのとき十二歳《さい》、旭川《あさひかわ》の高等小学校に通うため、この伝道所で暮《く》らしていました。

さらに、母ナミが結婚《けっこん》に反対しているということが、むしろ幸恵《ゆきえ》の背中《せなか》をおしました。婚約《こんやく》したものの、ナミにそむいて結婚《けっこん》を急ぐことには、ためらいがありました。自分とナミとのあいだだけではなく、ナミとマツの姉妹の関係まで危《あや》ういものになるかもしれません。

今、わたしがしばらく北海道からはなれるのは、悪いことではないかもしれない。そして、東京で学ぶことは学び、先生のお手伝いをし、神謡集《しんようしゅう》をよりよいものに練り上げましょう。曾太郎《そうたろう》さんに会えなくなるのは、さびしいけれど。

幸恵《ゆきえ》のえんぴつをにぎる指に、力がこもりました。

一九二二年（大正十一年）三月。幸恵《ゆきえ》は、神謡集《しんようしゅう》の原稿《げんこう》を書き上げ、金田一《きんだいち》先生に送りました。「暖《あたた》かくなったら、上京したく思います。ご迷惑《めいわく》ではないでしょうか」という手紙をそえて。

先生からは、「いつでも喜んで歓迎《かんげい》しますよ」という返事がきました。幸恵《ゆきえ》の胸《むね》がはずみました。いよいよ、東京に行けるのです。そして、神謡集《しんようしゅう》の出版《しゅっぱん》に向けて、すみずみまで先生に意見を聞くことができるのです。

気がかりは、曾太郎《そうたろう》のことでした。東京行きを告げると、彼《かれ》はちょっとことばを失っていましたが、

「そうか、行くのか。いよいよ本になるのだね」

と、ほほえんでうなずいてくれました。

曾太郎《そうたろう》さんは、わかってくれているのだわ。アイヌのために、魂《たましい》をこめてユカラを訳《やく》

しているわたしの思いを。

曾太郎《そうたろう》は、何度も幸恵《ゆきえ》に問いました。

「終わったら帰ってくるのだね？」

「もちろんですとも。帰ってくるわ」

幸恵《ゆきえ》も、何度も答えました。そうよ、わたしの居場所《いばしょ》は曾太郎《そうたろう》さんのいるところ。

東京へ行く前に、幸恵《ゆきえ》は曾太郎《そうたろう》と仮祝言《かりしゅうげん》（親族で行う仮の結婚式《けっこんしき》）をあげることになりました。

名寄《なよろ》の村井家《むらいけ》まで幸恵《ゆきえ》に付きそったのは、マツでした。

三月、名寄《なよろ》ではまだ雪が深く積もっています。けれども、空は明るく晴れわたり、鳥たちのさえずりが高らかにひびいていました。

マツは、幸恵《ゆきえ》のかがやくひとみと娘《むすめ》らしいふっくらとしたほほに、何度となく目を細めるのでした。

幸恵《ゆきえ》の仮祝言《かりしゅうげん》については、両親はマツとのいさかいをさけるためか、なにもいってきませんでした。けれども、上京することについては、父・高吉《たかきち》が手紙で反対してきました。体がじょうぶではない若《わか》い娘《むすめ》が、たったひとりで遠い東京へ行くこと。そして、よくは知らない学者の家族とともに暮《く》らすことを心配しているようでした。

幸恵《ゆきえ》は、父にあててこんな手紙を書きました。

「どうか、賛成《さんせい》してくださるようお願いします。先生の奥《おく》さまのおそばで、裁縫《さいほう》や台所のお手伝いをしながら、先生のアイヌ語の研究のお手伝いや、神謡集《しんようしゅう》の原稿《げんこう》の推敲《すいこう》をするだけなのですから、激《はげ》しく体を動かすことはありません。今回だけは、親不孝《おやふこう》とは思いますが、お許《ゆる》しください――」

わたしが、こんなに強くミチにお願いごとをしたのは、初めてだわ。

その思いを察してくれたのか、高吉《たかきち》はそれ以上の反対はしてきませんでした。

幸恵《ゆきえ》は、大切なノートを開いてみました。それは何度も何度も目を通し、声に出して読み返し、推敲《すいこう》した文章、『アイヌ神謡集《しんようしゅう》』の序文《じょぶん》でした。

序文《じょぶん》は、著者《ちょしゃ》から読者へのあいさつとして掲載《けいさい》されるもので、著者《ちょしゃ》がどんな思いでこの本を書きつづったかを、書きしるすことができます。

「その昔この広い北海道は、わたしたちの先祖《せんぞ》の自由の天地でありました。天真爛漫《てんしんらんまん》な稚児《ちご》のように、美しい大自然に抱擁《ほうよう》されてのんびりと楽しく生活していた彼《かれ》らは、真に自然の寵児《ちょうじ》、なんという幸福な人たちであったでしょう。（中略《ちゅうりゃく》）
おおほろびゆくもの……それは今のわたしたちの名、なんという悲しい名前をわたしたちは持っているのでしょう。（中略《ちゅうりゃく》）
けれど……愛するわたしたちの先祖《せんぞ》が起伏《おきふ》す日ごろたがいに意を通ずるために用いた多くの言語、いい古し、残し伝えた多くの美しいことば、それらのものもみんなはかなく、ほろびゆく弱きものとともに消え失《う》せてしまうのでしょうか。おおそれはあまりにいたましい名残惜《なごりお》しいことでございます。（後略《こうりゃく》）」*7

そうよ、わたしたちの祖先《そせん》は、かつて自由に、野山をかけ海に川に舟を走らせ、のびのびと暮《く》らしていたというのに。なぜ「ほろびゆく民族」にされなければならないの？　たくさんの美しいことば、たくさんのおもしろい物語まで失われなくてはならないの？
せめて、この本の中で生き続けてほしい——。

東京へ旅立つ日は、五月十一日となりました。いったん登別《のぼりべつ》の家にもどり、そこから室《むろ》蘭港《らんこう》へ出て、夜行の汽船で青森へ向かう旅でした。

室蘭港《むろらんこう》まで送ってくれたのは、ナミでした。ナミは曾太郎《そうたろう》との結婚《けっこん》の話は口にしませんでした。

「体に気をつけて。無理をしないようにね。先生によろしくいっておくれ」

そればかりを、何度もくり返しました。

幸恵《ゆきえ》は、汽船の甲板《かんぱん》からナミに大きく白いきれをふりました。ナミの姿《すがた》が、なみだでぼやけて見えました。

第十章　銀のしずく降《ふ》る降《ふ》るまわりに

一九二二年（大正十一年）、五月。幸恵《ゆきえ》の東京での生活が始まりました。曾太郎《そうたろう》との結婚《けっこん》をひかえている幸恵《ゆきえ》は、滞在《たいざい》は半年か長くて一年と考えていました。そのあいだに、神謡集《しんようしゅう》の原稿《げんこう》を整理し、金田一《きんだいち》先生のアイヌ語の相談相手を務《つと》め、さらに英語の勉強をして、東京での貴重《きちょう》な日《ひ》びにいろいろなことを吸収《きゅうしゅう》するつもりでいました。

当時は、「書生」といって、こうして先生の家に滞在《たいざい》し、先生の仕事や家事を手伝いながら学ぶことは、めずらしくありませんでした。

金田一《きんだいち》家には、妻《つま》の静江《しずえ》と尋常《じんじょう》小学校三年生の長男・春彦《はるひこ》、長女で一歳《さい》になったばかりの若葉《わかば》、そして菊《きく》という若《わか》い女中さんが暮《く》らしていました。

先生は朝から夕方まで、大学や中学校の語学の講義《こうぎ》に出かけていきます。夜になってから、先生と幸恵《ゆきえ》は書斎《しょさい》の机《つくえ》をはさみ、英語の授業《じゅぎょう》や、アイヌ語の研究を熱心に続けました。

日中、幸恵《ゆきえ》は英語の授業《じゅぎょう》の復習《ふくしゅう》や、若葉《わかば》の世話をしながら、神謡集《しんようしゅう》の原稿《げんこう》の手直しをしました。

聞き覚えたカムイユカㇻをローマ字で書きあらわし、それを日本語に訳《やく》す。それだけでも難《むずか》しいことですが、幸恵《ゆきえ》は訳文《やくぶん》が物語としておもしろく、文章が詩として美しく、さらに日本語としてのリズムが整えられていなければ、と考えていました。

ただ日本語で意味が通ればいいのではないわ。読んでくださった人が、自然の中で生きるアイヌの暮《く》らしや、ユカㇻがあらわす世界を、魅力《みりょく》あるものと感じてもらえるような訳《やく》にしたい。

幸恵《ゆきえ》は、神謡集《しんようしゅう》の第一話にのせることに決めた「フクロウの神の自ら歌った謡《うた》」のサケへ（折り返し）の、

Shirokanipe《シロカニペ》 ranran《ランラン》 pishkan《ピシカン》,
konkanipe《コンカニペ》 ranran《ランラン》 pishkan《ピシカン》

この一節の訳《やく》になやんでいました。初めは、

あたりに降《ふ》る降《ふ》る銀の水
あたりに降《ふ》る降《ふ》る金の水

と訳《やく》していたのですが、なんだかしっくりきません。

これだと、銀の水と金の水に、目がいきすぎて、フクロウの姿《すがた》が目にうかばない気がするのです。

どうしたらいいかしら。

なやんでいるときにはげみになるのは、先生のことばでした。

先生は、原稿《げんこう》を書くときは、どんなものでも苦しむ、というのです。

「いつも苦しんで苦しんで書くのですよ。いいかげんにさらさら書くことはできません。そんなことはだれもわかってはくれませんが」

幸恵《ゆきえ》はおどろきました。先生が原稿《げんこう》を書くようすは、むしろ、楽しそうに見えたからで

す。

先生でさえ、苦しんで書く。それなら、わたしがなやむのはあたりまえ。幸恵《ゆきえ》は何度でも、ノートの同じページを広げるのでした。

サケへは、詩物語《うた》の中で何度もくり返し出て、全体にリズムをあたえイメージを広げる役目を果たしています。

銀の水、金の水……。水とは、どんな水かしら。シマフクロウが湖から上がってきたところと考えたら、むしろしずくだわ。美しいしずくを散らしながら、フクロウがコタンの上を飛びまわっているのだとしたら……。

銀のしずく降《ふ》る降《ふ》るまわりに
金のしずく降《ふ》る降《ふ》るまわりに

これだわ。このほうが、フクロウの神が飛びまわっている躍動感《やくどうかん》があるわ。

幸恵《ゆきえ》の『アイヌ神謡集《しんようしゅう》』は、より美しく形を整えていきました。

先生から、アイヌ語についてご質問されることもたびたびでした。

「幸恵《ゆきえ》さん、どうしてこうなるの？」

先生が今ひとつわからないことは、アイヌ語の文法でした。

「『十人が舟をこぐ』というとき、『舟をこぐ』という動詞《どうし》を複数形《ふくすうけい》にしてはいけないのはなぜなの？」

アイヌ語では、その動きをする者がひとりであるか二人以上であるかで、動詞《どうし》の形を変化させる規則《きそく》があります。

幸恵《ゆきえ》はこれまで、特に文法を意識《いしき》しないでアイヌ語を話したり書いたりしてきましたので、あらためて質問されると、とっさには返事できないこともありました。

けれども、少し考えると、するするとその答えがわかってきます。

「先生、十人とか二人とか、はっきりひとりじゃないとわかっているなら、わざわざ動詞《どうし》を複数形《ふくすうけい》にしなくていいのですよ。複数形《ふくすうけい》にすると、『馬から落ちて落馬する』みたいな二重の表現《ひょうげん》になってしまうのですよ」

「なるほど！　そういうことでしたか」

先生は、ひざを打ちました。

「このことについては、わたしは十年のあいだ、わからないでなやんできたんですよ。それを幸恵《ゆきえ》さんときたら、まるでふくろの中のものをさっと取り出すように、解いてみせるんだから。ほんとうにたいしたものですよ」

幸恵《ゆきえ》にとっても、先生とアイヌ語について語り合うのは、楽しい時間でした。政治《せいじ》の話や宗教《しゅうきょう》の話になることもありました。そういうときには静江《しずえ》もいっしょに、夜おそくまで話に聞き入っていました。

金田一家《きんだいちけ》は、北海道のアイヌの人たちの東京での拠点《きょてん》となっていました。そのため、たびたびアイヌの滞在客《たいざいきゃく》がありました。

六月には、北海道の平取《びらとり》から、平村《ひらむら》コタンピラというアイヌの一行七人がやってきて、ユカラを演《えん》じました。語ったのは、「シュプネシㇼカ」という、宝刀《ほうとう》にまつわる長い物語です。

幸恵《ゆきえ》は身を乗り出すようにして聞き入りました。日高地方のアイヌ語だわ。フチの幌別《ほろべつ》のことばとちょっとちがう。でも、ちゃんとわかるわ。なんておもしろいの！

先生は、あせびっしょりになって、ノートに書きうつしています。

それを幸恵《ゆきえ》が、ローマ字に仕上げることになりました。

「わたしの聞き取りはまるで不完全なのだが、幸恵《ゆきえ》さん、わかるかなあ」

「だいじょうぶです、お話はすっかりわかりましたから」

先生が書いた文字は、漢字にカタカナ、ひらがな、ローマ字もまじったわかりにくいものでしたが、幸恵《ゆきえ》は物語をけんめいに思い出しながら、ノートにローマ字をうめていきました。

早く書き上げなければならないわ。コタンピラの語りの印象がぼやけないうちに。それに、こうして記録しなければ、この勇壮《ゆうそう》な物語が、消えてなくなってしまうのだわ。ああ、わたしたちアイヌも同様に、ほろびていくのかしら。

そんな思いにつき動かされて、幸恵《ゆきえ》は、一週間でノート二冊《さつ》分の筆録を終わらせることができました。これには、金田一《きんだいち》先生もおどろき、なみだを流さんばかりに喜んでくれました。

家の中ばかりにいる幸恵《ゆきえ》のために、静江《しずえ》が、東京見物に連れ出してくれることもありました。

女中の菊《きく》もいっしょに、上野の池之端《いけのはた》でみつ豆やソーダ水をごちそうしてくれたり、百貨店を案内してくれたりしました。

楽しい一日にちがいありませんが、百貨店などでは、並《なら》べられているかざり物の類《たぐい》や着物の値段《ねだん》の高さには、目を丸くするばかりでした。

きらきらときれいなこと。でも、自分で身に着けたいものではないわ。まるで、別の人間が住む星の世界を見物しているみたい。

それに、東京はなんてせわしないところかしら。

家のすぐ近くの広い電車通りをわたるだけでもひと苦労でした。なにしろ、市電が行きかい、その合間に自動車が、自転車や人力車が、めまぐるしく通り過《す》ぎるのですから。道行く人たちはみなせかせかと早足で歩き、きょろきょろと油断《ゆだん》なくあたりに目を走らせています。

街へ出るのは苦手だわ。人が多くてごちゃごちゃして、息苦しいほどだもの。

ああ、教会に行きたい。お祈《いの》りがしたいわ。マツおかあさん、フチ、教会に集まるコタンのおじちゃんおばちゃんたちは、どうしているかしら。

幸恵《ゆきえ》は、幼《おさな》いころから毎日聞いていたキリスト教の祈《いの》りやオルガンの音色が、恋《こい》しくてたまりませんでした。教会で祈《いの》りをささげ、心を落ち着けたいのです。

先生のすすめで、近所にある教会の日曜学校へ行ってみましたが、がっかりして帰ってきました。十数人しか集まっておらず、しかもいねむりする人、大あくびをする人もいます。牧師《ぼくし》の話も、なんだかぼんやりとしていて、胸《むね》に届《とど》くものがありません。

東京は、ふしぎなところだわ。こんなにおおぜいの人がいるというのに。

それでも幸恵《ゆきえ》は、時間があると、あちらこちらの教会を訪《たず》ねあるくようになりました。がっかりして帰ることもあれば、胸《むね》にひびく話を聞けて、満ち足りた思いで帰る日もありました。

幸恵《ゆきえ》がほっとする時間は、若葉《わかば》をだっこして、家のまわりを散歩するときでした。

このあたりには庭のある大きな家が並《なら》び、垣根《かきね》ごしにいろいろな花が咲《さ》きほこっているのが見えます。

「若葉《わかば》ちゃん、ほら、アジサイよ。きれいなむらさき色。あの赤い花は、ザクロ。おうちの庭にもあったわね。ああ、ダリアの背《せ》がのびたわ。一輪、咲《さ》きはじめたわね」

旭川《あさひかわ》の伝道所の花壇《かだん》の花も、きれいに咲《さ》いているかしら。

幸恵《ゆきえ》が若葉《わかば》の世話をすると、静江《しずえ》はいつもとても喜んでくれました。

「幸恵《ゆきえ》さん、ほんとうに助かるわ。あなたはいつも、いやな顔ひとつしないで世話をしてくれるのね」

静江《しずえ》と菊《きく》と三人で、縫《ぬ》い物をすることもあり、そんな静かな時間を幸恵《ゆきえ》も静江《しずえ》も楽しんでいました。

菊《きく》は十七歳《さい》で幸恵《ゆきえ》より二歳《さい》年下、若《わか》い娘《むすめ》どうしで、たわいもない話に笑いころげることもありました。

静江《しずえ》は体が弱く、病気がちでした。一日中頭痛《ずつう》で寝《ね》こむ日や、体調が悪くていらいらしている日もありました。

それに加え、広くはない金田一家《きんだいちけ》に、たびたびアイヌの家族が何人も泊《と》まりに来ます。そのもてなしや食費のやりくりなど、主婦《しゅふ》である静江《しずえ》の負担《ふたん》はたいへんなものでした。

いつもおだやかで機転がきき、家事や子守のできる幸恵《ゆきえ》の滞在《たいざい》は、静江《しずえ》にとってたよりになるものでした。

あるとき、静江《しずえ》が痛《いた》むこめかみをもみながらいったことばに、幸恵《ゆきえ》ははっと胸《むね》をつかれました。

「体が弱い女が主婦《しゅふ》になるのは、罪《つみ》だわ。子どもたちや夫のために、そして自分のために、不幸なことだわ」

「そんなことはありませんわ……」

幸恵《ゆきえ》はそういいかけましたが、あとに続くことばが見つかりません。

わたしは、曾太郎《そうたろう》さんと結婚《けっこん》して主婦《しゅふ》になる——体の弱いわたしが。それも罪《つみ》であり、不幸のもとになるのかしら。登別《のぼりべつ》のハポのいうとおりなのかしら。

わたしの体の中を休まずにめぐる血潮《ちしお》、その流れを調節する心臓《しんぞう》の弁《べん》。それがときどきうまく動かなくなる。わたしの病気は、そういう危《あぶ》なっかしいものだという。わたしは、一生涯《いっしょうがい》健康にはなれないのかしら。毎日毎日、ぐあいの悪さをかかえて生きるのかしら。

ああ。健康な人がうらやましい。

奥《おく》さまは体が弱いけれども、わたしにはうらやましく見えるわ。だって、あんなにおやさしい夫君がついているのだもの。

幸恵《ゆきえ》の目には、先生と静江《しずえ》は、いたわり合い、子どもたちをいつくしむ美しい夫婦《ふうふ》に見えました。

若葉《わかば》が熱を出したといっては、二人でかわるがわる手をひたいにあて、顔をくもらせます。熱が引いて、若葉《わかば》のほほが少しふっくらしてきたといっては、ほほえみ合います。

春彦《はるひこ》が、蝶《ちょう》を追いかけて走りまわり、古いかれ井戸《いど》に落ちて大さわぎになったことがありました。そのときの先生と静江《しずえ》の、おそろしいほど真っ青な顔。

さいわい、春彦《はるひこ》はすぐに助け出され、すり傷《きず》や切り傷《きず》ですみました。けれども、夜になるとそのときのおそろしさがよみがえるのか、うなされることがあります。先生と静江《しずえ》は、春彦《はるひこ》の両側から声をかけ、夜がふけるまでなでたりさすったりしてやるのでした。

なんていいご夫婦《ふうふ》かしら。お二人の心がひとつにとけ合っているみたい。

曾太郎《そうたろう》さん――わたしたちは、どんな夫婦《ふうふ》になるのかしら。

幸恵《ゆきえ》は、春彦《はるひこ》ともすっかり仲良しになりました。

「ねえねえ、今日学校でね……」

春彦《はるひこ》は、たびたび幸恵《ゆきえ》のところへやってきて、小学校でのできごとなどを、おもしろおかしく話してくれるのです。その頭の回転の早いこと、ことばの使い方のおもしろいこと、幸恵《ゆきえ》は感心してばかりでした。

坊《ぼっ》ちゃんとおしゃべりしていると、自分まで心の美しい子どもになったような気がするわ。子どもって、いいなあ。

でも――わたしは母親になることができるのだろうか。

これでいいかしら。もっといい文章にできるのではないかしら。

幸恵《ゆきえ》は迷《まよ》いながら、万年筆を置きました。

いいわ。これでいきましょう。

『アイヌ神謡集《しんようしゅう》』の原稿《げんこう》が、ついに完成しました。幸恵《ゆきえ》は、「もうこれで直すところはない」とは思えず、なかなかノートを手放すことができなかったのですが、先生は、「すばらしい訳《やく》です」といってくれました。ノートは、『炉辺叢書《ろへんそうしょ》』の主宰者《しゅさいしゃ》にわたりました。あとは印刷になる前に、まちがいがないよう校正するだけです。

東京へ出てきてから二か月、蒸《む》し暑い梅雨《つゆ》どきとなっていました。

ほんとうによく雨が降《ふ》るのね。梅雨《つゆ》のない北海道は、からりと晴れているかしら。どれだけ緑が濃《こ》くなっていることでしょう。

じめじめとした明け暮《く》れ、幸恵《ゆきえ》は、体調の悪さを感じる日が増《ふ》えてきました。胸《むね》の鼓動《こどう》が速くなったような気がします。頭も体も重く、床《ゆか》にしずみそうな眠気《ねむけ》を感じることもあります。うっかり走って息が苦しくなり、しゃがみこんでしまったこともありました。

七月半ば、梅雨《つゆ》が明け、じりじりとした暑さがやってきました。幸恵《ゆきえ》の心配は増《ま》していきました。

本ができるまで、わたしは元気でいられるかしら。

第十一章　わたしはアイヌ

ある日、『炉辺叢書《ろへんそうしょ》』の出版社《しゅっぱんしゃ》である郷土《きょうど》研究社の岡村《おかむら》という人が、幸恵《ゆきえ》に会いにきました。

「幸恵《ゆきえ》さん、『女学世界』になにか書いてくれませんか。アイヌの女性《じょせい》として、思うことをなんでも」

『女学世界』は、女性《じょせい》向けの月刊《げっかん》教養雑誌《ざっし》でした。

「えっ……わたしがですか？　先生ではなく？」

岡村《おかむら》は「後日必要になるかもしれないので」と、幸恵《ゆきえ》を庭に立たせ、写真を撮影《さつえい》していきました。

『女学世界』！　そんな立派《りっぱ》な雑誌《ざっし》に、なにを書いたらいいのかしら。わたしが日《ひ》び感じることでいいのかしら。

数日後、先生がいいにくそうに切り出しました。

「『女学世界』のことだけれどね。岡村《おかむら》くんが、たのんでおきながら幸恵《ゆきえ》さんのことを心配しているんだよ。幸恵《ゆきえ》さんがだまっていればアイヌと知れずにすむのに、アイヌと名乗って雑誌《ざっし》に書いてしまうと……その……世間の人に見下げられるのではないか。幸恵《ゆきえ》さんが、それで傷《きず》つくのではないか、とね」

幸恵《ゆきえ》は、笑って答えました。

「先生！　そんなこと、わたしはちっとも考えていませんわ」

けれども、幸恵《ゆきえ》の胸《むね》には、嵐《あらし》のような思いがふきあれました。

だまっていればアイヌとわからない、ですって？　では、わたしにシサム（和人《わじん》）のふりをしろ、と？　そんなことをしたって、わたしはアイヌよ。口先でシサムといって、なんになるの？

アイヌだから世の中から見下げられるなら、それでもいいわ！　自分のウタリ（同胞《どうほう》）が見下げられているというのに、わたしひとり、立派《りっぱ》な人に見られたって、なんにもならないもの。それよりも、たくさんのウタリとともに見下げられたほうがいい。それはちっともおそれることではないわ。

そうよ、わたしはアイヌとして生まれて、よかったわ。シサムだったら、もっとつまらない人間になっていたかもしれない。アイヌやほかの虐《しいた》げられた人びとの、存在《そんざい》すら知らない人間になっていたかもしれない。

でも、わたしはなみだを知っている。試練を知っている。

わたしはアイヌ。

どこまでもアイヌよ！


蒸《む》し暑い東京の夏、寝苦《ねぐる》しい夜が重なり、幸恵《ゆきえ》は、はっきりと体調の悪さを感じていました。けれども、それを口にすることはありませんでした。

そのころ、東京の上野では「平和記念東京博覧会《はくらんかい》」が、はなやかに開かれていました。日本各地や、外国の文化を紹介《しょうかい》する博覧会《はくらんかい》です。

七月の終わりごろに、先生が幸恵《ゆきえ》と春彦《はるひこ》を案内してくれました。

南洋の、肌《はだ》の黒い人たちの歌劇《かげき》を見て、子どもたちのかわいらしさにおどろき、ライトアップされた噴水《ふんすい》の美しさに見とれ、サイダーやイチゴ味の氷やハムライスをごちそうになりました。帰ってくると、口もきけないほどつかれはてていました。

そのつかれは、ねむってもねむっても取れません。胸《むね》に手をあてると、心臓《しんぞう》の拍動《はくどう》が速く、不気味なほどです。

だいじょうぶかしら。

しかし、幸恵《ゆきえ》はそのことを、両親やマツへの手紙に書くことはありませんでした。

幸恵《ゆきえ》は、六月に届《とど》いた高吉《たかきち》からの長い手紙を取り出してみました。

「いくら勉強をしたとしても、健康でなければなんにもなりませんから、じゅうぶん注意すべきです」というものでした。

東京行きを反対していたミチ。しかも、長年はなれて暮《く》らし、あまり話をかわしたことのないミチなのに、こうして長い手紙を書いて気づかってくださるのね。

わたしがこうして、父母のことを思い出しているときは、きっと父母もわたしのことを思い出してくれているのでしょう。

幸恵《ゆきえ》は、両親やマツ、モナシノウクにこれ以上の心配をかけたくありませんでした。けれども、もっと気がかりなのは、先生のこの家で寝《ね》ついてしまうことでした。そんなことになったら、先生や奥《おく》さまに大きなご迷惑《めいわく》をかけてしまう。そうなる前に、ひとまず北海道に帰ったほうがいいかもしれない——。

八月になって、幸恵《ゆきえ》は先生にそのことを告げました。

先生は顔をくもらせていいました。

「もしや、ここにいても、幸恵《ゆきえ》さんの望むような勉強ができないからなのかなあ？」

幸恵《ゆきえ》は大きく首をふりました。

「とんでもありません！　ただただ、わたしの体のことです。なんだか、心臓《しんぞう》の病気が進んでいるような気がするのです。ここにいて、もしや寝《ね》つきでもしたら、ご迷惑《めいわく》をかけてしまいますから」

「そんなに体調が悪いのかい！　それならなおのこと、こちらにとどまって、医者に診《み》てもらい、治療《ちりょう》したほうがいい」

先生は、すぐに病院に連れていってくれました。

医者の診断《しんだん》は、「心臓《しんぞう》が弱っているので、二、三日絶対《ぜったい》安静にしてください。その後、自然に体力がもどるのを待ちましょう」ということでした。

その診断《しんだん》のとおり、家で静かに横になっているうちに、体調はほぼ元どおりになりました。夏の暑さがやわらいでくるとともに食欲《しょくよく》も出てきて、幸恵《ゆきえ》、先生や静江《しずえ》も、ほっと胸《むね》をなで下ろしました。

けれども、八月の終わりのある晩《ばん》、ひどく胃が痛《いた》みだしたことがありました。三、四日前からおなかが張《は》っていたのですが、それが胃《い》の痛《いた》みに変わり、胸《むね》や背中《せなか》全体へ広がって、息をするたびに錐《きり》でつかれるようです。食事をすることもできません。

翌日《よくじつ》には、少し落ち着き、ほっとしていましたが、その次の日に、胸《むね》にひどい苦しみがやってきました。心臓《しんぞう》があばれるようにめちゃくちゃに打ち、呼吸《こきゅう》ができないほどです。

わたしは、もしやこのまま……。意識《いしき》がとぎれかけます。

静江《しずえ》は医者を呼《よ》びに走り、菊《きく》は氷を買いに行き、先生は手ぬぐいでひたいを冷やし、春彦《はるひこ》まで飛んできて、背中《せなか》をさすってくれました。

発作《ほっさ》は、さいわい五分ぐらいで治まりました。往診《おうしん》してくれた医師《いし》の診察《しんさつ》では、暑さで胃が弱り、心臓《しんぞう》に負担《ふたん》がかかったのでしょう、ということでした。

幸恵《ゆきえ》は、ふとんに横たわったまま、ひっそりとなみだを流しました。いつのまにか日暮《ひぐ》れが早くなり、秋の虫の音が聞こえてきます。

もうここにいてはいけないわ。帰ろう。もっといろいろなことを学び、身に付けて帰りたかった。それに、神謡集《しんようしゅう》の出版《しゅっぱん》を見届《みとど》けたかったのに。

若葉《わかば》の泣き声がします。いら立つ静江《しずえ》の声、「ああ、もう泣かないでちょうだい！」。若《わか》葉《ば》をだっこしにいきたいけれど、体に力が入りません。

幸恵《ゆきえ》は、先生と静江《しずえ》に相談して、九月二十五日に帰ることに決めました。

「元気になって、来年また来てちょうだいね」

静江《しずえ》はなみだぐみました。

春彦《はるひこ》もさびしがり、毎日幸恵《ゆきえ》のもとにやってきます。

「幸恵《ゆきえ》さん、花が好きだから、これあげるよ。それから、ほら、これも」

と、花の種を集めたものと、きれいな南京玉《なんきんだま》（ビーズ）をいくつもわたしてくれました。

幸恵《ゆきえ》は両親に心配をかけないように、ちょっとおどけた手紙を書きました。

「胃吉《いきち》さんが暑さに弱っているところへ、毎日毎日つめこまれるし、腸吉《ちょうきち》さんも倉にいっぱい物がたまって毒ガスが発生するし、心臓《しんぞう》さんは両方からおされるので、夜も昼も苦しがってもがいていたのが、やりきれなくて、死に物狂《ものぐる》いにあばれ出したものと見えます。でも、もう一昨日あたりからよくなりました。けれども、ここで登別《のぼりべつ》のミチ、ハポのもとへ帰ろうと思います」

先生のすすめで、帰る前にもう一度、心臓《しんぞう》の専門医《せんもんい》に診察《しんさつ》してもらうことになりました。

その結果、告げられた病名は、心臓《しんぞう》の僧帽弁狭窄症《そうぼうべんきょうさくしょう》。二年前に旭川《あさひかわ》で診断《しんだん》を受けたのと同じように、無理をすれば命にかかわるが、安静にしていればだいじょうぶでしょう、ということでした。

しかし、診断書《しんだんしょ》には、そのほかにこんな四文字がありました。

「結婚不可《けっこんふか》」

家庭の主婦《しゅふ》となり母親となる体力は、望めないというのです。

幸恵《ゆきえ》は、だまって医師《いし》に頭を下げました。

なみだがこぼれ落ちました。

こうなるって、前からわかっていたような気がする。ハポのいうとおりだったのね。わかっていたのに、家庭生活を夢《ゆめ》見ていたなんて。曾太郎《そうたろう》さん。ごめんなさい、ごめんなさい、ごめんなさい……。さようなら。もう会いません。

曾太郎《そうたろう》さんに手紙を書かなくては。

けれども、幸恵《ゆきえ》のペンは、いつしかアイヌの歌である「シノッチャ」を書きつづっていました。これは、心にうかぶことばを、次つぎにことばにして連ねていく叙情歌《じょじょうか》です。

もう会わない。そうしなくてはならないのに……。

幸恵《ゆきえ》の思いは、こんな歌となって流れ出しました。

ハイタヤナ
クトゥレシポ　ククロ　オペレポ
ネイタ　エアナ　ネイタ　エオマン　ワ
エエンホッパ　ルウェ……

（中略《ちゅうりゃく》）
オロ　トゥナシノ　エネカノク　ワ
エンコレ　ヤン

ああ
わたしの大切な人、愛する人よ
あなたはどこにいるの　どこにいったの
わたしを残して
（中略《ちゅうりゃく》）
早く　早く　わたしをむかえに
来ておくれ

※和訳《わやく》は、幸恵《ゆきえ》自身によるものを、筆者が一部現代語訳《やく》した。「クトゥレシポ」「クコロオペレポ」は、本来は「わたしの妹」「わたしの少女」という意味。この詩は、シノッチャの中の「チシ・シノッチャ」（涕泣歌《ていきゅうか》）で、恋人《こいびと》を思って歌う歌。

幸恵《ゆきえ》は、ことば少なに数日過《す》ごしました。先生や静江《しずえ》、菊《きく》も、なにもいわず見守っていてくれました。

帰郷《ききょう》予定の九月二十五日が近づきましたが、医師《いし》の助言でもう少し体力がついてからということで、十月十日に出立《しゅったつ》することになりました。

事情《じじょう》をよく知らない春彦《はるひこ》だけが、出立《しゅったつ》がのびたのを喜んでくれました。

九月十三日、待ちに待ったものが届《とど》きました。『アイヌ神謡集《しんようしゅう》』をタイプで打ったもので、印刷する前に確認《かくにん》するための校正用原稿《げんこう》です。

まあ、なんて立派《りっぱ》に見えること！

幸恵《ゆきえ》は、ローマ字の美しい活字になったユカㇻと、命を注いで訳《やく》した日本語の文を、晴れやかに見つめました。

幸恵《ゆきえ》はさっそく、まちがいがないかどうか一文字ずつ確認《かくにん》していきました。

静かな時間が流れます。昔むかしのアイヌコタンのざわめき。シマフクロウの羽音。人びとの笑い声、歌声。小さいころからモナシノウクに聞いていた、のびやかなアイヌの暮《く》らしがよみがえります。

幸恵《ゆきえ》の心は、さざ波が静まるようにしんと落ち着いてきました。

だいじょうぶ、わたしはだいじょうぶ。

わたしには、ペンがある。文字がある。

もし人に、やりとげなければならない使命があるなら、わたしの使命はこれだわ。

アイヌが幾千年《いくせんねん》のあいだ大切に伝えてきたこの宝《たから》を、書きのこすこと。そして、先祖《せんぞ》の文化や歴史を、少しでも知ってもらうこと。

幸恵《ゆきえ》の胸《むね》に、幼《おさな》いころモナシノウクと過《す》ごした、なつかしい幌別《ほろべつ》の丘《おか》、岡志別川《おかしべつがわ》のほとりがうかんできました。友だちと遊んだ登別《のぼりべつ》の浜《はま》の潮《しお》のにおいがよみがえってきました。

あそこへもどろう。登別《のぼりべつ》で一生暮《く》らしましょう。マツおかあさんもわかってくださるでしょう。

旭川《あさひかわ》の伝道所には、もどらないつもりでした。曾太郎《そうたろう》との思い出が、あまりにも濃《こ》く残っている場所ですから。

幸恵《ゆきえ》は、ペンをにぎり直しました。暗い湖に、かすかな夜明けの光がさしたように感じました。

このペンが、新しく生きていくわたしの光。

その晩《ばん》、幸恵《ゆきえ》は曾太郎《そうたろう》に手紙を書きました。ああ、ほんとうにごめんなさい。わかってください。おたがいの幸せのためなのです――。


両親にも、長い手紙を書きました。

登別《のぼりべつ》に帰り、一本のペンで新しい仕事を始めようと思います。幸恵《ゆきえ》の心は、今、とても平和です――と。


数日のあいだ、幸恵《ゆきえ》は神謡集《しんようしゅう》の校正に取り組みました。

「幸恵《ゆきえ》さん、あまり根《こん》をつめては、体にさわるよ。少し顔色が悪いようだが？」

先生が心配していいました。

「少しかぜ気味かもしれませんね。でも、たいしたことありませんの」

春彦《はるひこ》がとびはねるようにやってきました。

「幸恵《ゆきえ》さん、十九日は根津権現《ねづごんげん》のお祭りだよ！　いっしょに行けるよね？」

幸恵《ゆきえ》は大きくうなずきました。

「このお仕事はもうすぐ終わるから、十九日にはお出かけできるわ」

九月十八日の夜。夕食のあと、幸恵《ゆきえ》は最後にもう一度、神謡集《しんようしゅう》の原稿《げんこう》を見直しました。タイプライターの打ちまちがいや、自分の訳《やく》の細かな修正部分は、すべて赤字で書きいれてあります。

何度も何度も確《たし》かめてから、幸恵《ゆきえ》は赤いペンを置きました。

終わった……。

幸恵《ゆきえ》の耳に、故郷《こきょう》の川の音が、海の波音が、よみがえってきました。

ああ、オカチペッ（岡志別川《おかしべつがわ》）、ヌプㇽペッ（登別川《のぼりべつかわ》）。

川よ、海よ。わたしはもうすぐ帰るわ。

第十二章　幸恵《ゆきえ》の思いを受けつぐ

「アイヌ神謡集《しんようしゅう》　知里幸恵編《ちりゆきえへん》・郷土《きょうど》研究社」が出版《しゅっぱん》になったのは、翌年《よくとし》のことでした。しかし、幸恵《ゆきえ》はそれを目にすることはありませんでした。校正を終えた九月十八日の夜八時ごろ、最後の心臓発作《しんぞうほっさ》におそわれたのです。

近所の医者が呼《よ》ばれましたが、それでも発作《ほっさ》は治まらず、ついに帰らぬ人となりました。

そのときのようすを、金田一京助《きんだいちきょうすけ》はこう書きのこしています。

「（前略《ぜんりゃく》）あまり悪いので、わたしが電話へ立って大学のH博士を請《しょう》じているあいだに、とうとう心臓麻痺《しんぞうまひ》を起こされて、わたしがびっくりして抱《だ》きかかえて『幸恵《ゆきえ》さん、幸恵《ゆきえ》さん』と連呼《れんこ》をしたときに、二度返事をして、それっきり……（後略《こうりゃく》）」（『金田一京助随筆選集2』「故知里幸恵さんの追憶」三省堂より）

幸恵《ゆきえ》の生涯《しょうがい》は十九歳《さい》という短いものでした。

けれども、幸恵《ゆきえ》の思いは受けつがれていきました。

金田一京助《きんだいちきょうすけ》は、幸恵《ゆきえ》の死をなげき、つぐないの思いをこめアイヌ語の研究に没頭《ぼっとう》しました。そして、『アイヌ叙事詩《じょじし》ユーカラの研究』をはじめ、全九巻《かん》の『アイヌ叙事詩《じょじし》ユーカラ集』を発刊《はっかん》、それらの多くの業績《ぎょうせき》により、文化勲章《くんしょう》などを受章しています。

幸恵《ゆきえ》の弟の高央《たかなか》は、高等学校の教師《きょうし》を務《つと》めながら、『アイヌ語彙《ごい》辞典』を編《へん》さんしました。

下の弟の真志保《ましほ》は、金田一京助《きんだいちきょうすけ》の援助《えんじょ》により東京帝国《ていこく》大学で学び、アイヌ語の研究に打ちこみました。その後、北海道大学の言語学の教授《きょうじゅ》となり、アイヌ語の辞典やユカㇻの筆録などで成果を収《おさ》めました。

マツも、幸恵《ゆきえ》の遺志《いし》をついで、ユカㇻの筆録に力をつくしました。モナシノウク直伝《じきでん》の膨大《ぼうだい》なユカㇻを七十冊《さつ》ものノートに書き取り、一九五六年（昭和三十一年）、無形文化財《ぶんかざい》保持者《ほじしゃ》として紫綬褒章《しじゅほうしょう》を受章しました。金田一京助《きんだいちきょうすけ》の『アイヌ叙事詩《じょじし》ユーカラ集』全九巻《かん》のうちの七巻《かん》は、マツが筆録したものの和訳《わやく》です。その後、マツ筆録の和訳《わやく》は、萱野茂《かやのしげる》、萱野志朗《かやのしろう》に引きつがれています。

ナミもアイヌ文化の伝承《でんしょう》に取り組み、マツ同様に無形文化財保持者《ぶんかざいほじしゃ》として、一九六二年（昭和三十七年）に紫綬褒章《しじゅほうしょう》を受章しました。

幸恵《ゆきえ》の『アイヌ神謡集《しんようしゅう》』はフランス語や英語、エスペラント語に翻訳《ほんやく》されています。日本国内でも版《はん》を重ね、現在《げんざい》では岩波書店から文庫本で発売されています。

幸恵《ゆきえ》の生涯《しょうがい》はテレビ番組で取り上げられたり、中学生の国語の教科書に掲載《けいさい》されたりしています。「銀のしずく降《ふ》る降《ふ》るまわりに」という一節は、今では多くの日本人に親しまれています。

幸恵《ゆきえ》が暮《く》らした旭川《あさひかわ》の伝道所があったところは、現在《げんざい》は、旭川《あさひかわ》市立北門《ほくもん》中学校となっています。校庭には一九九〇年（平成二年）に「知里幸恵文学碑《ちりゆきえぶんがくひ》」が建てられ、二〇〇七年（平成十九年）には「知里幸恵資料室《ちりゆきえしりょうしつ》」が開設《かいせつ》されました。

そこでは毎年幸恵《ゆきえ》の誕生日《たんじょうび》に、生誕祭《せいたんさい》「銀の滴《しずく》・降《ふ》る日」を開催《かいさい》し、また講演《こうえん》やアイヌの伝統舞踊《でんとうぶよう》などが行われています。

その二〇〇七年に、国際《こくさい》的に大きな進歩がありました。国際《こくさい》連合総会の本会議で「先住民族の権利《けんり》に関する国際《こくさい》連合宣言《せんげん》」が採択《さいたく》されたのです。世界各地に、アイヌ民族同様、迫害《はくがい》や差別に苦しんだ歴史を持つ先住民族が多数存在《そんざい》しますが、これにより、人権《じんけん》や自由、文化と伝統《でんとう》を守り発展《はってん》させる権利《けんり》などが認《みと》められました。

その翌年《よくとし》には、日本の国会において「アイヌ民族を先住民族とすることを求める決議」が採択《さいたく》されました。アイヌは正式に日本の先住民族として、国連宣言《せんげん》で唱えられた権利《けんり》が認《みと》められるようになったのです。

二〇一〇年（平成二十二年）、登別《のぼりべつ》の幸恵《ゆきえ》の生家があった場所に、「知里幸恵《ちりゆきえ》 銀のしずく記念館」が開館になりました。幸恵《ゆきえ》をとおしてアイヌ文化を広く伝えていくことが、この記念館の願いとなっています。

幸恵《ゆきえ》の墓《はか》は、はじめ東京の雑司ヶ谷《ぞうしや》霊園《れいえん》にありましたが、一九七五年（昭和五十年）に故郷《こきょう》の登別《のぼりべつ》の霊園《れいえん》に改葬《かいそう》されました。丘《おか》の上の明るい霊園《れいえん》で、幸恵《ゆきえ》の愛した登別《のぼりべつ》の海を見下ろすことができます。

短い人生をひたむきに生きた幸恵《ゆきえ》。

登別《のぼりべつ》の丘《おか》から、アイヌの民族と文化の存続《そんぞく》を、今も祈《いの》り続けていることでしょう。

海の波音のように、絶《た》えることなく――。

『アイヌ神謡集《しんようしゅう》』の初版《しょはん》本。

おわりに

本書を書きながら、わたしは何度もしりごみをしました。

わたしはアイヌの歴史や文化の研究者ではありません。専門家《せんもんか》から見たら、あきれるほど浅《あさ》い知識《ちしき》しか持ちあわせていないでしょう。そんなわたしが、知里幸恵《ちりゆきえ》について書いていいのだろうか、と。

アイヌの人びとには長い長い差別や迫害《はくがい》の歴史があります。本文中に記したことは氷山の一角にすぎず、就職《しゅうしょく》試験で落とされる、結婚《けっこん》を考えたときにアイヌとわかると反対される、などの差別も続いていました。今も完全になくなったとはいえないでしょう。

そんな中で、幸恵《ゆきえ》に負わされた差別的なできごとを書きつらねることにより、むしろ傷《きず》つく人がいるのでは、また新たな差別の芽を植えつけてしまうのではないか、という心配もありました。

それでも、わたしは本書をつむぎたいと思いました。

初めて幸恵《ゆきえ》のことを知ったときは、『アイヌ神謡集《しんようしゅう》』の校正直後に亡《な》くなるなんて、まるでアイヌにつかわされた聖女《せいじょ》みたい、と感じました。

その後、彼女《かのじょ》が残した日記や手紙、研究者による評伝《ひょうでん》を読んでみると、うかび上がってきたのは、何百年にもわたる差別の歴史のすさまじさ、それに傷《きず》つき苦しみながらも自分の進むべき道を探《さが》す姿《すがた》、そして恋に泣き、もっと生きたいと願った、生身の若《わか》い女性《じょせい》の心の声でした。

わたしは、その姿《すがた》と声を、多くの人に知ってほしかったのです。

そして、アイヌの人びとが長い歴史の中で流したなみだを、ひとしずくでも分かち合ってもらえるなら、こんなにうれしいことはありません。

ところで、アイヌ民族は、北海道という一地方の先住民族なのでしょうか？　いいえ、第十二章で述《の》べたとおり、アイヌ民族は正式に日本の先住民族です。

アイヌ民族の祖先《そせん》は、縄文《じょうもん》時代の人たちであるといわれています。このことを知ってから、わたしはますます、アイヌの文化を身近に感じるようになりました。現代《げんだい》社会では、特に、自然とのつき合い方において学ばなくてはならないことがたくさんありそうです。

この物語を書くにあたり、幸恵《ゆきえ》の生涯《しょうがい》にわたるくわしい評伝《ひょうでん》を残してくださった、故《こ》・藤本英夫《ふじもとひでお》様、アイヌ全般《ぜんぱん》および幸恵像《ゆきえぞう》について貴重《きちょう》な助言をくださった「知里幸恵《ちりゆきえ》 銀のしずく記念館」館長の知里《ちり》むつみ様、アイヌ語やアイヌ文化について適切《てきせつ》なアドバイスをくださった成田英敏《なりたひでとし》様に、心からお礼申し上げます。

二〇一六年　五月

金治直美

【出典】

＊１『日本の先住民族 アイヌを知ろう！②』知里むつみ（汐文社）

＊２『萱野茂のアイヌ語辞典』（三省堂）

＊３・＊７『アイヌ神謡集』知里幸恵編訳（岩波書店）

＊４『知里真志保著作集２　説話・神謡編２』（平凡社）

＊５ＣＤ『アイヌのうた』萱野茂、平取アイヌ文化保存会（ビクター）

＊６『知里幸恵ノート』知里幸恵（知里森舎）

写真提供＝ＮＰＯ法人知里森舎（P.15・47・48・65・67・98－99・107・151）／公益財団法人松浦史料博物館（P.41［下］）／竹中さちこ（P.41［上］）／東京国立博物館蔵 Image:TNM Image Archives（P.27［上］）／函館市中央図書館（P.53）／北海道博物館（P.39）

知里幸恵《ちりゆきえ》 年表

西暦《せいれき》（年号）	年齢《ねんれい》	おもなできごと
1899年（明治32年）		＊「北海道旧土人保護法《きゅうどじんほごほう》」公布《こうふ》
1902（明治35年）		四月、知里高吉《ちりたかきち》、金成《かんなり》ナミが結婚《けっこん》
1903（明治36年）	0歳《さい》	一月、幸恵《ゆきえ》誕生《たんじょう》（戸籍《こせき》上では六月誕生《たんじょう》）
1907（明治40年）	4	四月、弟・高央《たかなか》誕生《たんじょう》 このころ祖母《そぼ》のモナシノウクとともに暮《く》らす
1909（明治42年）	6	二月、弟・真志保《ましほ》誕生《たんじょう》
1910（明治43年）	7	旭川《あさひかわ》のマツの伝道所へ移住《いじゅう》、上川《かみかわ》第三尋常《じんじょう》小学校入学 九月、上川《かみかわ》第五尋常《じんじょう》小学校開校。幸恵《ゆきえ》らアイヌの子どもたちが移籍《いせき》
1916（大正5年）	13	三月、北海道庁立《ちょうりつ》旭川《あさひかわ》高等女学校受験、不合格《ふごうかく》 四月、旭川《あさひかわ》区立上川《かみかわ》第三尋常《じんじょう》高等小学校入学
1917（大正6年）	14	四月、旭川《あさひかわ》区立女子職業《しょくぎょう》学校入学
1918（大正7年）	15	八月ごろ、金田一京助《きんだいちきょうすけ》の来訪《らいほう》

1920（大正9年）	17	三月、旭川《あさひかわ》区立女子職業《しょくぎょう》学校卒業 金田一京助《きんだいちきょうすけ》からノートが届《とど》き、ウウェペケレなどを書き始める
1921（大正10年）	18	このころから、金田一京助《きんだいちきょうすけ》へアイヌ語筆記ノートを送る
1922（大正11年）	19	三月、村井曾太郎《むらいそうたろう》と婚約《こんやく》、仮祝言《かりしゅうげん》をあげる 五月十一日、登別《のぼりべつ》出発。十三日、東京・上野駅着 七月、このころから体調悪化 九月十八日、『アイヌ神謡集《しんようしゅう》』校正後に体調急変。死去
1923（大正12年）		八月、『アイヌ神謡集《しんようしゅう》』が郷土《きょうど》研究社から出版《しゅっぱん》される
1978（昭和53年）		八月、『アイヌ神謡集《しんようしゅう》』が岩波書店から文庫版《ばん》で出版《しゅっぱん》される
1990（平成2年）		六月、旭川《あさひかわ》の北門《ほくもん》中学校（マツの伝道所跡《あと》）に「知里幸恵文学碑《ちりゆきえぶんがくひ》」建立《こんりゅう》
1997（平成9年）		＊「北海道旧土人保護法《きゅうどじんほごほう》」廃止《はいし》。「アイヌ文化振興法《しんこうほう》」制定《せいてい》
2007（平成19年）		六月、旭川《あさひかわ》の北門《ほくもん》中学校に「知里幸恵資料室《ちりゆきえしりょうしつ》」が開設《かいせつ》 ＊国際《こくさい》連合総会《そうかい》の本会議で「先住民族の権利《けんり》に関する国際《こくさい》連合宣言《せんげん》」を採択《さいたく》
2008（平成20年）		＊国会で「アイヌ民族を先住民族とすることを求める決議」を採択《さいたく》
2010（平成22年）		九月、「知里幸恵《ちりゆきえ》 銀のしずく記念館」が生誕地《せいたんち》・登別《のぼりべつ》に開館

知《ち》里《り》幸《ゆき》恵《え》をもっと知りたい人のために

- **知里幸恵《ちりゆきえ》 銀のしずく記念館**

住所：〒059－0465
北海道登別市登別本町２丁目34－7
URL：http://www9.plala.or.jp/shirokanipe/
交通アクセス：JR登別駅より徒歩15分
都市間高速バス「登別」停留所より徒歩10分

◆おもな参考資料

『知里幸恵遺稿　銀のしずく』知里幸恵（草風館）／『アイヌ神謡集』知里幸恵編訳（岩波書店）／『知里幸恵ノート』知里幸恵（知里森舎）／『知里幸恵―十七歳のウエペケレ』藤本英夫（草風館）／『銀のしずく降るまわりに』藤本英夫（草風館）／『知里幸恵十九歳の遺言』中井三好（彩流社）／『銀のしずく「思いのまま」知里幸恵の遺稿より』富樫利一（彩流社）／『アイヌ叙事詩ユーカラ』金田一京助訳編（岩波書店）／『ユーカラの人びと』金田一京助（平凡社）／『金田一京助 わたしの歩いて来た道』金田一京助（日本図書センター）／『金田一京助随筆選集2』金田一京助（三省堂）／『古代蝦夷とアイヌ』金田一京助（平凡社）／『金田一京助』藤本英夫（新潮社）／『父京助を語る』金田一春彦（教育出版）／『金田一京助物語』堀沢光儀（三省堂）／『金田一京助とアイヌ語』大友幸男（三一書房）／『金田一家、日本語百年のひみつ』金田一秀穂（朝日新聞出版）／『知里真志保著作集2　説話・神謡編2』（平凡社）／『萱野茂のアイヌ語辞典』（三省堂）／CD『アイヌのうた』萱野茂、平取アイヌ文化保存会（ビクター）／『知里幸恵「アイヌ神謡集」への道』北海道文学館編（東京書籍）／『アイヌ学入門』瀬川拓郎（講談社）／『〈アイヌ〉学の誕生　金田一と知里と』丸山隆司（彩流社）／『日本の先住民族 アイヌを知ろう!①②』知里むつみ（汐文社）／『アイヌ民族：歴史と現在　未来を共に生きるために』（公益財団法人アイヌ文化振興・研究推進機構）／『アイヌ文化の基礎知識』アイヌ民族博物館監修（草風館）／『アイヌの文学』久保寺逸彦（岩波書店）／『アイヌ文化を伝承する』萱野茂編（草風館）／『本屋風情』岡茂雄（中央公論新社）／『図説世界の文字とことば』町田和彦編（河出書房新社）／『アイヌの物語世界』中川裕（平凡社）／『ハルコロ（1）（2）』石坂啓（潮出版社）

PHP心のノンフィクション　発刊のことば

夢や理想に向かってひたむきに努力し大きな成果をつかんだ人々、逆境を乗り越え新しい道を切りひらいた人々……その姿や道程を、事実に基づき生き生きと描く「ＰＨＰ心のノンフィクション」。若い皆さんに、感動とともに生きるヒントや未来への希望をお届けしたいと願い、このシリーズを刊行します。

著者　金治直美　（かなじなおみ）

埼玉県生まれ。日本児童文芸家協会会員。『さらば、猫の手』（岩崎書店）で、第30回児童文芸新人賞受賞・第13回読書感想画中央コンクール指定図書。『マタギに育てられたクマ』（佼成出版社）で、第55回青少年読書感想文全国コンクール課題図書。そのほか、『ミクロ家出の夜に』（国土社）、『花粉症のない未来のために』『子リスのカリンとキツコ』（共に佼成出版社）など。

編集協力＝船木妙子
制作協力・組版＝ニシ工芸株式会社

知里幸恵《ちりゆきえ》物語
アイヌの「物語」を命がけで伝えた人

2016年6月7日　第1版第1刷発行
2024年8月5日　第1版第4刷発行

著　者　金治直美
発行者　永田貴之
発行所　株式会社PHP研究所
東京本部　〒135-8137　江東区豊洲5-6-52
児童書出版部　☎03-3520-9635（編集）
普及部　☎03-3520-9630（販売）
京都本部　〒601-8411　京都市南区西九条北ノ内町11
PHP INTERFACE　https://www.php.co.jp/

印刷所
製本所　TOPPANクロレ株式会社

ISBN978-4-569-78564-6

NDC916　159P　22cm